에센스 이화 한국어

에센스 이화 한국어 2C

지은이 이화여자대학교 언어교육원

펴낸날 1판 1쇄 2017년 1월 20일
2쇄 2019년 9월 20일

펴낸이 김헌민 **펴낸곳** 이화여자대학교출판문화원
주소 서울특별시 서대문구 이화여대길 52(우 03760) **등록** 1954년 7월 6일 제9-61호
전화 02) 3277-2965(편집), 02) 362-6076(마케팅)
팩스 02) 312-4312 **전자우편** press@ewha.ac.kr **홈페이지** www.ewhapress.com
책임편집 민지영 **디자인** design **Vita**, 김리영, 정혜진 **일러스트** 이지영 **인쇄** (주)현문자현

ISBN 979-11-5890-201-8 18710
978-89-7300-875-9 (세트)
값 13,000원

* 사진 촬영에 협조해 주신 Alat Behlul Burak, Van Den Peereboom Gilles E. M., Qiao Shanshan, Biernath Anne Madlen, Suzuki Makiko, Ishizawa Shinji, Saygi Kemal 씨, 이화여자대학교 언어교육원 학생들과 이화여자대학교 학생들에게 감사를 드립니다.
* 잘못된 책은 구입처에서 바꾸어 드립니다.

이 도서의 국립중앙도서관 출판예정도서목록(CIP)은 서지정보유통지원시스템 홈페이지(http://seoji.nl.go.kr)와 국가자료공동목록시스템(http://www.nl.go.kr/kolisnet)에서 이용하실 수 있습니다. (CIP제어번호 : CIP2017000291)

본 교재의 듣기 자료는 MP3 파일로 되어 있으며 이화여자대학교출판문화원 홈페이지(www.ewhapress.com) 자료실에서 무료로 내려받을 수 있습니다.

ESSENCE EWHA KOREAN

이화여자대학교 언어교육원 지음
Ewha Womans University
Ewha Language Center

에센스 이화 한국어

2C

E PRESS

책을 펴내면서

이화여자대학교 언어교육원에서 2010년에 발간한 『이화 한국어(Ewha Korean)』는 지난 6여 년간 효율적이고 체계적인 학습으로 이끄는 한국어 교재로 인정받으며, 세계 각국에서 널리 사용되어 왔습니다. 그러나 이화여자대학교 언어교육원의 단기 과정과 같이 수업 시간이 길지 않은 과정에 적합한 교재가 필요하다는 생각으로 이화여자대학교 언어교육원에서는 『이화 한국어(Ewha Korean)』의 핵심 내용을 모아 담은 『에센스 이화 한국어(Essence Ewha Korean)』를 발간하게 되었습니다.

『에센스 이화 한국어(Essence Ewha Korean)』는 『이화 한국어(Ewha Korean)』의 필수적인 내용을 모아 1권과 2권의 내용을 총 6권으로 나누어 편집하였습니다. 『이화 한국어(Ewha Korean)』는 의사소통 중심의 교재로서 다양한 의사소통 상황 내에서 말하기 · 듣기 · 읽기 · 쓰기의 네 가지 언어 기능이 균형 있게 발전할 수 있도록 고안되었습니다. 『에센스 이화 한국어(Essence Ewha Korean)』도 『이화 한국어(Ewha Korean)』의 특징을 유지하며, 한국어를 처음 접하거나 학습 기간이 길지 않은 초급 학습자들이 한국어를 쉽고 재미있게 접할 수 있도록 구성하였습니다.

『에센스 이화 한국어(Essence Ewha Korean)』의 1A, 1B, 1C는 학습자의 요구와 편의를 고려하여 영어, 일본어, 중국어 간체와 번체로 번역을 넣어 4가지 버전으로 제작하였습니다. 반면 2A, 2B, 2C는 중급으로 가는 디딤돌의 역할을 할 수 있도록 번역 없이 한국어로 제작하였으며 문법 설명, 새 단어, 문화는 번역하여 부록으로 수록하였습니다. 앞으로 『에센스 이화 한국어(Essence Ewha Korean)』가 한국어 초급 학습자들의 한국어 실력을 향상시키는 데에 지름길이 되는 교재로 활용될 것이라고 기대합니다.

마지막으로 『에센스 이화 한국어(Essence Ewha Korean)』가 출간되기까지 이 책의 편집자들이 쏟은 열정과 노력에 대해서 깊은 감사를 드립니다. 또한 이 교재가 출판되는 데에 아낌없는 지원을 해 주신 이화여자대학교출판문화원에도 감사의 마음을 전합니다.

2017년 1월

이화여자대학교 언어교육원 원장

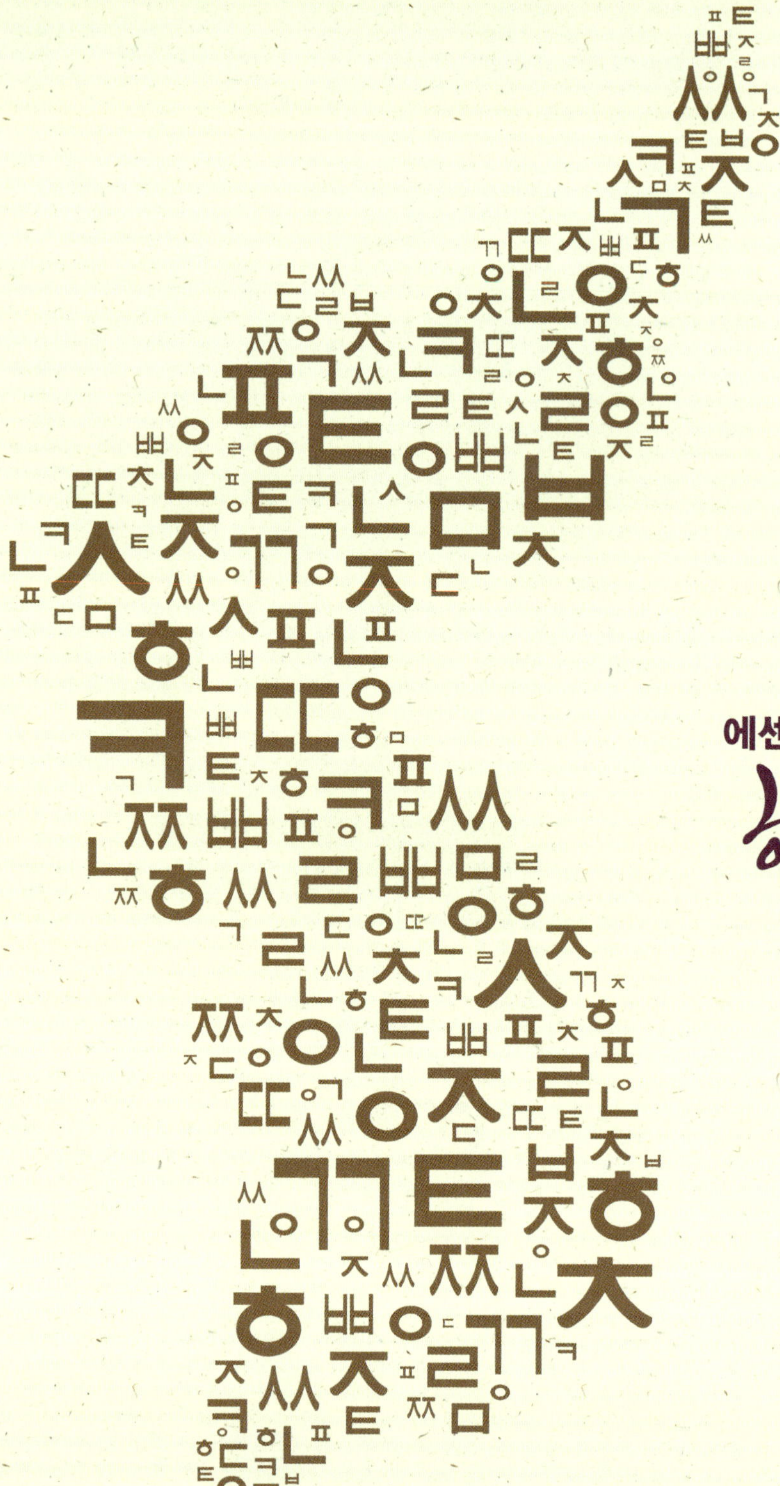

에센스 이화

한국어

차례

교재 구성표

단원	제목	내 용					
		Part 1		Part 2			
		준비합시다	어휘	들어 봅시다	말해 봅시다	읽고 써 봅시다	문화
1	유학 생활	마다 –(으)ㄴ/는데 –았/었다가	공부 학교	선생님과 상담하는 대화 듣기	한국어능력시험 신청 방법과 준비 방법 문의하기 표현 시험 신청 필수 조건 말하기	유학생 인터뷰 기사의 글 읽고 쓰기	대화 상대와 인사말
2	휴가 계획	–(으)ㄹ 테니까 –는 길에 –(으)ㄴ 덕분에	휴가 숙박 시설	여름휴가에 대한 대화 듣기	숙소와 교통편 추천하기 표현 숙소 추천하기	여행객을 위한 광고의 글 읽고 쓰기	한국의 숙박 문화
3	문화 차이	–던 –았/었던 –나요	인사 방법	한국의 인사에 대한 발표 듣기	친구 집을 방문한 경험 말하기 표현 실수한 친구 위로하기	문화 차이에 대한 글 읽고 쓰기	몸짓언어
4	내가 사는 곳	–게 되다 –(으)ㄹ수록 에 비해(서)	기숙사 시설	하숙집 아주머니에게 부탁하는 대화 듣기	기숙사 시설에 대한 정보 얻기 표현 기숙사 시설에 대해 묻기 방에 대해 묻기	외국 생활에 대한 감상의 글 읽고 쓰기	한국인의 호칭
5	도시 생활	–았/었었– –(으)ㄴ/는/(으)ㄹ 모양이다 에 대해(서)	도시	도시 생활의 장점과 단점 듣기	서울의 명소 추천하기 표현 관광할 곳 추천 부탁하기 추천한 곳 설명하기	도시 소개의 글 읽고 쓰기	사투리
6	새로운 소식	–ㄴ/는다고 하다 –냐고 하다 –자고 하다, –(으)라고 하다	정보 소식 도서관 자료 검색	뉴스 내용 전달하는 대화 듣기	친구에게 소식 전달하기 표현 당연히 참석한다고 말하기 선물 준비에 대한 의견 말하기	정보를 부탁하는 편지의 글 읽고 쓰기	통신 생활과 이모티콘

교재 구성과 사용법

- 『에센스 이화 한국어 2C』는 1~6과로 구성되어 있습니다.
- 각 단원은 Part 1, 2로 구성되어 있습니다. Part 1은 문법, 어휘를 학습하는 부분이며 Part 2는 듣기, 말하기, 읽기, 쓰기, 문화를 학습하는 부분입니다.

단원 구성

단원 표지

사진 자료로 단원의 내용을 알 수 있도록 보여 줍니다.　　단원의 학습 내용과 목표를 알려 줍니다.

Part 1 '준비합시다'와 '어휘'로 구성되어 있습니다. '준비합시다'에서 3개의 문법을 학습해 보고, '어휘'에서는 각 단원 주제에 맞는 기본 어휘들을 학습합니다.

문법을 학습하기 전에 학생이 문법의 쓰임과 의미에 대해 생각해 볼 수 있도록 간단한 질문을 제시했습니다.

상황이 있는 그림과 예문으로 문법이 언제, 어떻게 사용되는지를 알려 줍니다.

문법의 의미(쓰임)를 명확하게 알 수 있도록 설명을 제시했으며, 형태 정보를 도식화하여 간략하게 보여 주고 예를 제시했습니다.(N=명사, A=형용사, V=동사)

문법 연습을 말하기 활동으로 제시했습니다. 연습 방법을 알 수 있도록 〈보기〉를 제시했습니다.

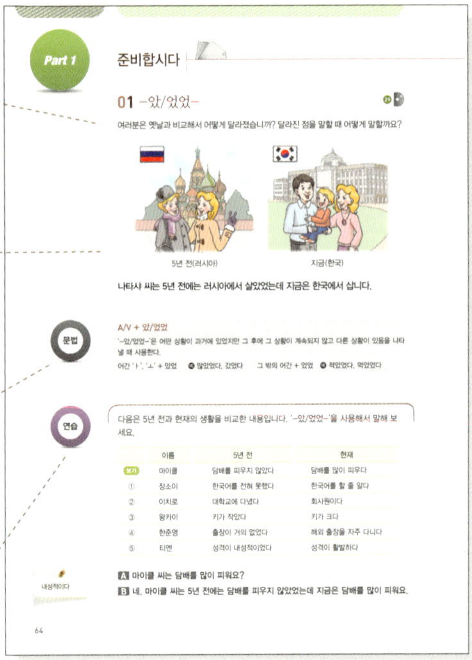
Part 1 준비합시다

01 -았/었었-

여러분은 옛날과 비교해서 어떻게 달라졌습니까? 달라진 점을 말할 때 어떻게 말할까요?

5년 전(러시아) 지금(한국)

나타샤 씨는 5년 전에는 러시아에서 살았었는데 지금은 한국에서 삽니다.

문법

A/V + 았/었었

'-았/었었-'은 어떤 상황이 과거에 있었지만 그 후에 그 상황이 계속되지 않고 다른 상황이 있음을 나타낼 때 사용한다.

어간 'ㅏ', 'ㅗ' + 았었 예 많았었다, 갔었다 그 밖의 어간 + 었었 예 적었었다, 먹었었다

연습

다음은 5년 전과 현재의 생활을 비교한 내용입니다. '-았/었었-'을 사용해서 말해 보세요.

	이름	5년 전	현재
보기	마이클	담배를 피우지 않았다	담배를 많이 피우다
①	장소이	한국어를 전혀 못했다	한국어를 할 줄 알다
②	이치로	대학교에 다녔다	회사원이다
③	왕카이	키가 작았다	키가 크다
④	한준영	출장이 거의 없었다	해외 출장을 자주 다니다
⑤	티엔	성격이 내성적이었다	성격이 활발하다

내성적이다

A 마이클 씨는 담배를 많이 피워요?
B 네. 마이클 씨는 5년 전에는 담배를 피우지 않았었는데 지금은 담배를 많이 피워요.

64

단원 주제와 관련된 어휘들을 그림이나 사진과 함께 제시했습니다.

제5과 도시 생활

어휘 도시

전통적이다 현대적이다 활기차다
번화하다 소음이 심하다 한적하다
인심이 좋다 공기가 맑다 공기가 탁하다

67

Part 2

'들어 봅시다', '말해 봅시다', '읽고 써 봅시다', 그리고 '문화'로 구성되어 있습니다.

듣기 전 단계에서 활용하는 상황 그림과 질문입니다. 들을 내용을 예측하고, 어휘나 표현을 확인하는 데 도움이 됩니다.

듣기 단계에서 활용할 이해 확인 문제입니다. 무엇에 중점을 두고 들어야 하는지를 안내해 줍니다.

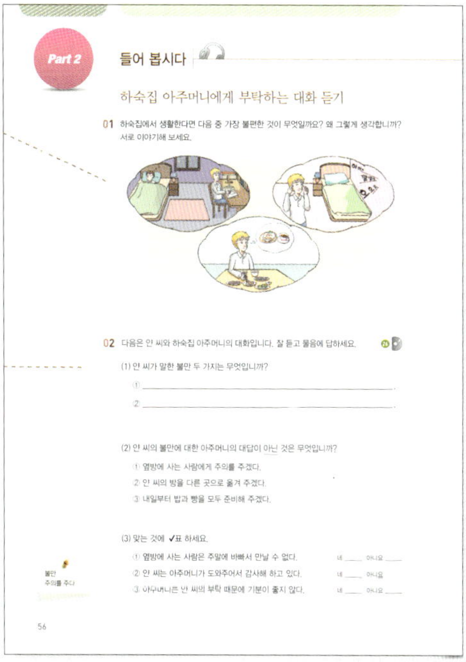

Part 2 들어 봅시다

하숙집 아주머니에게 부탁하는 대화 듣기

01 하숙집에서 생활한다면 다음 중 가장 불편한 것이 무엇일까요? 왜 그렇게 생각합니까? 서로 이야기해 보세요.

02 다음은 안 씨와 하숙집 아주머니의 대화입니다. 잘 듣고 물음에 답하세요.

(1) 안 씨가 말한 불만 두 가지는 무엇입니까?

(2) 안 씨의 불만에 대한 아주머니의 대답이 아닌 것은 무엇입니까?

① 옆방에 사는 사람에게 주의를 주겠다.
② 안 씨의 방을 다른 곳으로 옮겨 주겠다.
③ 내일부터 밥과 빵을 모두 준비해 주겠다.

(3) 맞는 것에 ✓표 하세요.

① 옆방에 사는 사람은 주말에 바빠서 만날 수 없다.
② 안 씨는 아주머니가 도와주어서 감사해 하고 있다.
③ 아주머니는 안 씨의 부탁 때문에 기분이 좋지 않다.

말하기 과제의 내용, 상황, 대화자의 역할을 그림과 설명으로 제시했습니다.

모범 대화문을 학습하기 전에 주어진 역할에 맞게 대화를 만들어 보는 연습입니다. 말풍선에 제시된 핵심어를 보면서 두 사람이 대화를 만들어 봅니다. Try it은 암기에 의존하지 않고 스스로 대화를 주도하면서 구성하는 능력을 길러 줍니다.

대화의 흐름과 주요 내용을 알려 주는 것으로 담화에 대한 이해력, 구성 능력을 길러 줍니다.

말해 봅시다

서울의 명소 추천하기

친구의 어머니께서 서울에 오실 겁니다. 서울에서 가 볼 만한 곳을 추천해 주세요.

Try it! 말풍선을 따라 대화를 구성해 보세요.

말하기 과제 수행에 필요한 기능 표현입니다. 살아 있는 표현들이므로 실생활에서 유용하게 사용할 수 있습니다.

모범 대화문입니다.

교실에서 사용할 수 있는 확장 연습을 제시했습니다. 상황에 맞게 변형하여 활용할 수 있습니다.

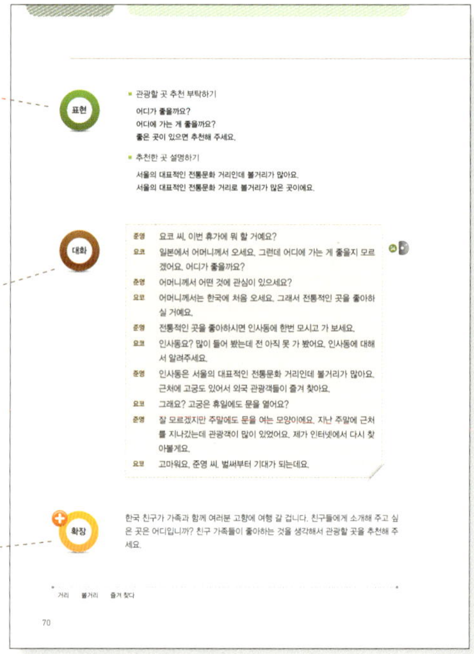

표현

- 관광할 곳 추천 부탁하기

어디가 좋을까요?
어디에 가는 게 좋을까요?
좋은 곳이 있으면 추천해 주세요.

- 추천한 곳 설명하기

서울의 대표적인 전통문화 거리인데 볼거리가 많아요.
서울의 대표적인 전통문화 거리로 볼거리가 많은 곳이에요.

대화

준영 요코 씨, 이번 휴가에 뭐 할 거예요?
요코 일본에서 어머니께서 오세요. 그런데 어디에 가는 게 좋을지 모르겠어요. 어디가 좋을까요?
준영 어머니께서 어떤 것에 관심이 있으세요?
요코 어머니께서는 한국에 처음 오세요. 그래서 전통적인 곳을 좋아하실 거예요.
준영 전통적인 곳을 좋아하시면 인사동에 한번 모시고 가 보세요.
요코 인사동요? 많이 들어 봤는데 전 아직 못 가 봤어요. 인사동에 대해서 알려주세요.
준영 인사동은 서울의 대표적인 전통문화 거리인데 볼거리가 많아요. 근처에 고궁도 있어서 외국 관광객들이 즐겨 찾아요.
요코 그래요? 고궁은 휴일에도 문을 열어요?
준영 잘 모르겠지만 주말에도 문을 여는 모양이에요. 지난 주말에 근처를 지나갔는데 관광객이 많이 있었어요. 제가 인터넷에서 다시 찾아볼게요.
요코 고마워요, 준영 씨. 벌써부터 기대가 되는데요.

확장

한국 친구가 가족과 함께 여러분 고향에 여행 갈 겁니다. 친구들에게 소개해 주고 싶은 곳은 어디입니까? 친구 가족들이 좋아하는 것을 생각해서 관광할 곳을 추천해 주세요.

거리 볼거리 즐겨 찾다

70

읽기 전 단계에서 활용하는 활동입니다. 주제와 관련된 정보를 얻고, 어휘나 표현을 확인하는 데 도움이 됩니다.

다양한 유형의 글을 읽기 자료로 제시했습니다.

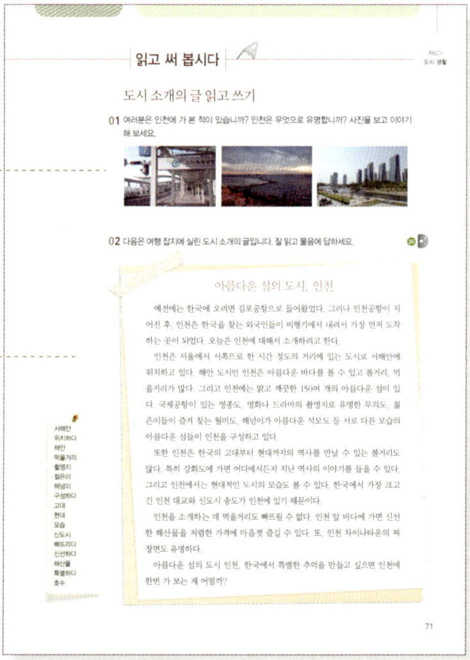

읽고 써 봅시다

제5과 도시 생활

도시 소개의 글 읽고 쓰기

01 여러분은 인천에 가 본 적이 있습니까? 인천은 무엇으로 유명합니까? 사진을 보고 이야기해 보세요.

02 다음은 여행 잡지에 실린 도시 소개의 글입니다. 잘 읽고 물음에 답하세요.

아름다운 섬의 도시, 인천

예전에는 한국에 오려면 김포공항으로 들어왔었다. 그러나 인천공항이 지어진 후, 인천은 한국을 찾는 외국인들이 비행기에서 내려서 가장 먼저 도착하는 곳이 되었다. 오늘은 인천에 대해서 소개하려고 한다.

인천은 서울에서 서쪽으로 한 시간 정도의 거리에 있는 도시로 서해안에 위치하고 있다. 해안 도시인 인천은 아름다운 바다를 볼 수 있고 볼거리, 먹을거리가 많다. 그리고 인천에는 맑고 깨끗한 150여 개의 아름다운 섬이 있다. 국제공항이 있는 영종도, 영화나 드라마의 촬영지로 유명한 무의도, 젊은이들이 즐겨 찾는 월미도, 해넘이가 아름다운 석모도 등 서로 다른 모습의 아름다운 섬들이 인천을 구성하고 있다.

또한 인천은 한국의 고대부터 현대까지의 역사를 만날 수 있는 볼거리도 많다. 특히 강화도에 가면 어디에서든지 지난 역사의 이야기를 들을 수 있다. 그리고 인천에서는 현대적인 도시의 모습도 볼 수 있다. 한국에서 가장 크고 긴 인천 대교와 신도시 송도가 인천에 있기 때문이다.

인천을 소개하는 데 먹을거리도 빠뜨릴 수 없다. 인천 앞 바다에 가면 신선한 해산물을 저렴한 가격에 마음껏 즐길 수 있다. 또, 인천 차이나타운의 짜장면도 유명하다.

아름다운 섬의 도시 인천, 한국에서 특별한 추억을 만들고 싶으면 인천에 한번 가 보는 게 어떨까?

서해안
위치하다
해안
먹을거리
촬영지
젊은이
해넘이
구성하다
고대
현대
모습
신도시
빠뜨리다
신선하다
해산물
특별하다
호수

71

읽기 단계에서 활용할 이해 확인 문제입니다.

읽기 학습을 쓰기로 연결한 활동입니다. 읽은 글과 유사한 종류의 글을 써 보는 연습입니다.

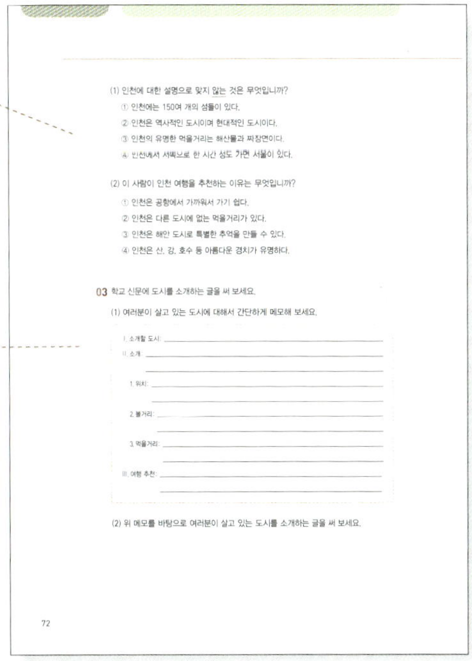

(1) 인천에 대한 설명으로 맞지 않는 것은 무엇입니까?

① 인천에는 150여 개의 섬들이 있다.
② 인천은 역사적인 도시이며 현대적인 도시이다.
③ 인천의 유명한 먹을거리는 해산물과 짜장면이다.
④ 인천에서 서쪽으로 한 시간 정도 가면 서울이 있다.

(2) 이 사람이 인천 여행을 추천하는 이유는 무엇입니까?

① 인천은 공항에서 가까워서 가기 쉽다.
② 인천은 다른 도시에 없는 먹을거리가 있다.
③ 인천은 해안 도시로 특별한 추억을 만들 수 있다.
④ 인천은 산, 강, 호수 등 아름다운 경치가 유명하다.

03 학교 신문에 도시를 소개하는 글을 써 보세요.

(1) 여러분이 살고 있는 도시에 대해서 간단하게 메모해 보세요.

I. 소개할 도시: ______
II. 소개: ______
1. 위치: ______
2. 볼거리: ______
3. 먹을거리: ______
III. 여행 추천: ______

(2) 위 메모를 바탕으로 여러분이 살고 있는 도시를 소개하는 글을 써 보세요.

72

단원 주제와 관련된 문화 내용을 한국어로 제시했으며, 사진이나 삽화를 함께 제시했습니다.

한국 문화에 대한 이해를 확인하는 질문과 문화상호주의적인 관점에서 자기 나라의 문화와 비교하여 생각해 보는 활동을 제시했습니다.

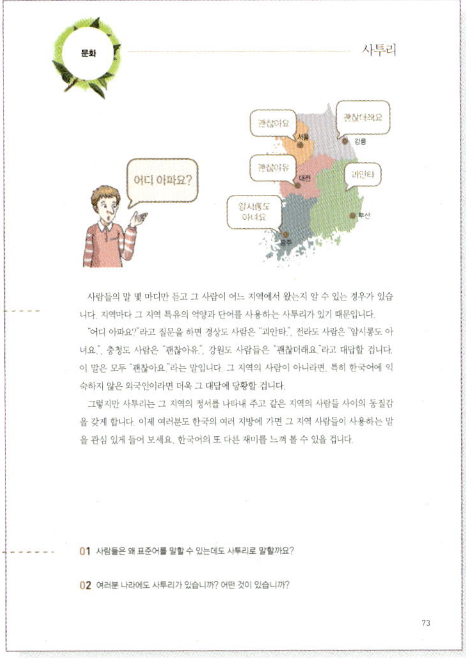

문화

사투리

사람들의 말 몇 마디만 듣고 그 사람이 어느 지역에서 왔는지 알 수 있는 경우가 있습니다. 지역마다 그 지역 특유의 억양과 단어를 사용하는 사투리가 있기 때문입니다.

"어디 아파요?"라고 질문을 하면 경상도 사람은 "괴안타.", 전라도 사람은 "암시롱도 아녀요.", 충청도 사람은 "괜찮아유.", 강원도 사람들은 "괜찮더래요."라고 대답할 겁니다. 이 말은 모두 "괜찮아요."라는 말입니다. 그 지역의 사람이 아니라면, 특히 한국어에 익숙하지 않은 외국인이라면 더욱 그 대답에 당황할 겁니다.

그렇지만 사투리는 그 지역의 정서를 나타내 주고 같은 지역의 사람들 사이의 동질감을 갖게 합니다. 이제 여러분도 한국의 여러 지방에 가면 그 지역 사람들이 사용하는 말을 관심 있게 들어 보세요. 한국어의 또 다른 재미를 느껴 볼 수 있을 겁니다.

01 사람들은 왜 표준어를 말할 수 있는데도 사투리로 말할까요?

02 여러분 나라에도 사투리가 있습니까? 어떤 것이 있습니까?

73

제1과

유학 생활

제 1 과 유학 생활

Part 1

준비합시다 1	마다
준비합시다 2	-(으)ㄴ/는데
준비합시다 3	-았/었다가
어휘	공부
	학교

Part 2

들어 봅시다	선생님과 상담하는 대화 듣기
말해 봅시다	한국어능력시험 신청 방법과 준비 방법 문의하기
읽고 써 봅시다	유학생 인터뷰 기사의 글 읽고 쓰기
문화	대화 상대와 인사말

Part 1

준비합시다

01 마다

모든 사람들의 외모나 성격이 다르지요? 이것을 어떻게 표현할까요?

A 쌍둥이는 취미도 똑같을까요?

B 아니에요. 사람마다 좋아하는 것이 모두 다르니까요.

문법

N + 마다

'마다'는 하나하나 빠짐없이 모두 비슷한 상황에 있거나 각 상황이 되풀이될 때 사용한다.

자음 + 마다 예 아침마다 모음 + 마다 예 나라마다

연습

다음 그림을 보고 '마다'를 사용해서 말해 보세요.

보기

쉬다

①

조깅하다

②

2012년 영국 런던
2008년 중국 베이징
2004년 그리스 아테네

올림픽이 열리다

③

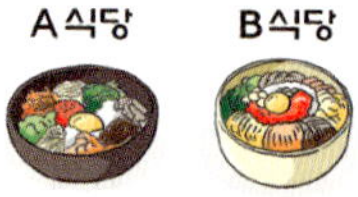

음식 맛이 다르다

④

인사 방법이 다르다

이화백화점은 월요일마다 쉬어요.

· 쌍둥이
· 올림픽
· 열리다

02 -(으)ㄴ/는데

결혼식에 입고 갈 옷을 친구에게 물어보려고 합니다. 어떻게 물어보면 좋을까요?

A 결혼식에 가는데 뭘 입는 게 좋을까요?

B 정장을 입는 게 좋겠어요.

문법

A/V + (으)ㄴ/는데

'-(으)ㄴ/는데'는 말하고자 하는 내용의 배경이나 상황을 제시할 때 사용한다.

A	자음 + 은데	예 작은데, 좋은데
	모음, ㄹ + ㄴ데	예 예쁜데, 먼데
V	자음, 모음, ㄹ + 는데	예 먹는데, 가는데, 만드는데

연습

미셸 씨에 대해서 설명하려고 합니다. '-(으)ㄴ/는데'를 사용해서 말해 보세요.

	정보	구체적인 내용
보기	프랑스에서 왔다	영어도 잘하고 한국어도 잘하다
①	운동을 좋아하다	요즘은 바빠서 운동을 자주 못 하다
②	한국 요리를 잘하다	특히 된장찌개를 맛있게 끓이다
③	하숙집에서 살다	하숙집이 학교에서 좀 멀다
④	모자가 많다	모자 중에서 빨간색 야구 모자를 제일 좋아하다
⑤	티엔 씨와 이번 학기에 같은 반이다	지난 학기에도 두 사람은 같은 반이었다

A 미셸 씨는 프랑스에서 왔어요?

B 네. 프랑스에서 왔는데 영어도 잘하고 한국어도 잘해요.

· 같다

03 –았/었다가

여러분은 도서관에 갔는데 자리가 없어서 돌아온 적이 있습니까? 이때 어떻게 말할까요?

A 어제 도서관에서 공부했어요?

B 아니요. 도서관에 갔다가 자리가 없어서 돌아왔어요.

문법

V + 았/었다가

'–았/었다가'는 이미 완료된 동작이나 행위에서 다른 동작이나 행위로 바뀌었음을 나타낼 때 사용한다. 일반적으로 반대의 의미를 가진 동사와 함께 쓰인다.

어간 'ㅏ', 'ㅗ' + 았다가 예 갔다가, 탔다가
그 밖의 어간 + 었다가 예 먹었다가, 입었다가

연습

일을 다 했는데 어떤 이유로 새로운 일을 다시 해야 할 때가 있지요? '–았/었다가'를 사용해서 말해 보세요.

	먼저 한 일	나중에 한 일
보기	버스를 탔다	고장이 나서 내렸다
①	창문을 열었다	비가 와서 닫았다
②	텔레비전을 켰다	재미있는 프로그램을 하지 않아서 껐다
③	높은 구두를 신었다	불편해서 벗었다
④	빨간색 넥타이를 맸다	안 어울려서 풀었다
⑤	인터넷으로 옷을 주문했다	마음이 바뀌어서 취소했다

· 매다

버스를 탔다가 고장이 나서 내렸어요.

어휘

공부

단어를 외우다

복습하다

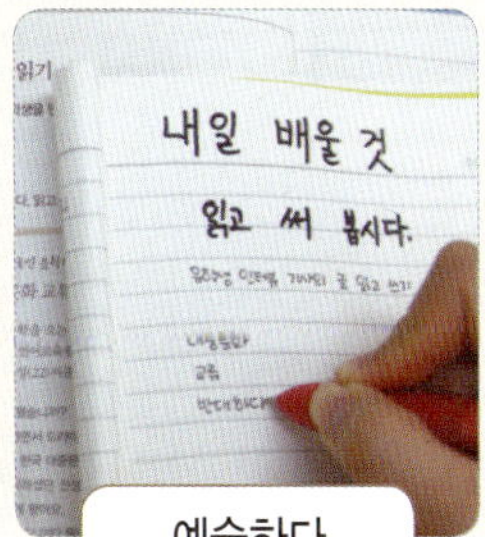

예습하다

필기하다

성적이 나오다

실력을 키우다

학교

초등학교

중학교

고등학교

대학교

대학원

Part 2

들어 봅시다

선생님과 상담하는 대화 듣기

01 여러분은 한국어 공부 중에서 어떤 것이 가장 어렵습니까? 서로 이야기해 보세요.

02 다음은 장소이 씨가 선생님과 상담하는 대화입니다. 잘 듣고 물음에 답하세요. 5

(1) 선생님과 장소이 씨는 지금 무엇을 하고 있습니까?

① 잘 모르는 한국 문화에 대해 이야기하고 있다.
② 수업에서 이해하지 못한 내용에 대해 묻고 있다.
③ 한국어 공부의 어려운 점에 대해 이야기하고 있다.

(2) 장소이 씨는 무엇을 걱정하고 있습니까?

① 말하기나 읽기, 쓰기보다 듣기를 못한다.
② 한국 친구를 사귀고 싶지만 시간이 없다.
③ 한국어를 열심히 공부했지만 성적이 나쁘다.

(3) 선생님이 말한 공부 방법을 모두 고르세요.

① 매일 한국어로 일기를 쓰세요.
② 한국 사람과 많이 이야기하세요.
③ 수업에서 배운 내용을 매일 복습하세요.
④ 듣기 파일을 듣고 발음 연습을 하세요.
⑤ 듣기 파일을 듣고 받아쓰는 연습을 하세요.

· 상담하다
· 이해하다
· 내용
· 일기
· 발음
· 받아쓰다

말해 봅시다

한국어능력시험 신청 방법과 준비 방법 문의하기

한국어능력시험을 신청하는 방법과 준비하는 방법을 선생님께 물어 보세요.

Try it! 말풍선을 따라 대화를 구성해 보세요.

	학생	선생님
	한국어능력시험을 보려고 합니다. 선생님께 시험 신청 방법과 시험 준비 방법 등 궁금한 것에 대해 물어보세요.	학생에게 한국어능력시험 신청 방법과 시험 준비반에 대한 정보를 알려 주세요.
1. 상담실 방문 인사하기	여쭤 볼 것 | 있다 + 왔다	뭐 | 궁금하다?
2. 시험 신청 방법 묻고 답하기	한국어능력시험 | 신청하다 + 방법 | 모르다	홈페이지 | 들어가다 + 신청하다 회원 가입 | 하다 + 신청하다
3. 시험 준비 방법 묻기	○ 시험 | 어떻게 준비하다?	시험 준비반 | 있다 혼자 준비하다 + 어렵다 + 수업 | 듣다
4. 준비반 개설 여부 묻기	이번 학기 | 반 | 열리다	○ 다음 달 | 시작하다
5. 감사 인사하기	○, 친절하다 + 안내하다 + 감사하다	

표현

■ 시험 신청 필수 조건 말하기

신청 전에 꼭 회원 가입이 필요합니다.
회원 가입을 해야 신청할 수 있습니다.
회원 가입을 안 하면 신청할 수 없습니다.
회원 가입을 한 사람만 신청이 가능합니다.

대화

6

학생 안녕하세요? 좀 여쭤 볼 게 있어서 왔는데요.
선생님 네, 어서 오세요. 뭐가 궁금하세요?
학생 제가 한국어능력시험을 신청하려고 하는데 방법을 잘 몰라서요.
선생님 아, 그래요? 한국어능력시험 홈페이지에 들어가서 신청하면 돼요. 그런데 먼저 회원 가입을 해야 신청할 수 있어요.
학생 네, 알겠습니다. 그런데 한국어능력시험은 어떻게 준비하면 좋을까요?
선생님 우리 학교에 한국어능력시험 준비반이 있어요. 혼자 시험 준비를 하면 좀 어려울 것 같은데 그 수업을 한번 들어 보는 게 어때요?
학생 네, 그게 좋겠습니다. 이번 학기에도 반이 열립니까?
선생님 네, 학기마다 열려요. 이번 학기는 다음 달부터 시작해요.
학생 잘 알겠습니다. 친절하게 안내해 주셔서 정말 감사합니다.

확장

학교 체육관에서 운동을 하려고 합니다. 체육관에 가서 궁금한 것에 대한 정보를 구하세요.

	체육관 이용 안내
등록 방법	매월 마지막 주에 직접 방문해서 등록
필수 조건	이용 요금을 냄 → 회원 등록 가능
기타 정보	개인 운동 프로그램 있음 (※ 신청자가 많으면 일찍 마감될 수도 있음)

· 한국어능력시험 · 홈페이지 · 회원 가입 · 준비반 · 반이 열리다 · 마감되다

읽고 써 봅시다

유학생 인터뷰 기사의 글 읽고 쓰기

01 여러분은 인터뷰 기사를 쓰기 위해서 유학생을 인터뷰하면 무엇을 질문하겠습니까? 이야기해 보세요.

02 다음은 학교 신문에 실린 인터뷰 기사입니다. 잘 읽고 물음에 답하세요. 7

인물탐방

우리 학교 외국인 유학생, 쑤안 흐엉

"한국과 베트남의 대중문화 교류를 위해 일하고 싶어요."

자신의 꿈을 찾아 우리 학교에 유학을 오는 외국인 학생들이 점점 많아지고 있다. 이번에는 우리 학교 언어교육원에서 한국어를 공부하고 있는 쑤안 흐엉(22)씨를 만나 봤다.

기자 어떻게 한국에 유학을 오게 됐습니까?

쑤안 흐엉 베트남에서 한국어를 전공하고 있는데 저희 과 교수님께서 이화여자대학교를 추천해 주셨어요.

기자 유학을 준비하는 과정은 어땠습니까? 특별히 어려운 점은 없었습니까?

쑤안 흐엉 사실 쉽지 않았어요. 부모님께서 유학을 반대하셨거든요. 그래서 처음에는 유학을 포기했다가 부모님께서 제 꿈을 이해하실 수 있도록 매일 부모님을 설득했어요. 그리고 마침내 올해 한국에 올 수 있었어요.

기자 지금 유학 생활은 어떻습니까? 그리고 앞으로의 계획은 어떻게 됩니까?

쑤안 흐엉 평일에는 한국어 수업을 열심히 듣고 주말마다 아르바이트를 하면서 한국어 말하기 연습도 많이 하고 있어요. 유학 후에는 베트남으로 돌아가서 한국과 베트남의 대중문화 교류에 대한 일을 하고 싶어요.

인터뷰하는 동안 쑤안 흐엉 씨는 밝은 미소로 질문에 대답했다. 그의 얼굴에서 즐거움을 느낄 수 있었다.

고은성 기자

- 대중문화
- 교류
- 반대하다
- 포기하다
- 설득하다
- 마침내
- 미소

(1) 쑤안 흐엉 씨의 미래의 꿈은 무엇입니까?

____

(2) 이 글의 내용과 같은 것은 무엇입니까?

① 쑤안 흐엉 씨는 베트남에서 대중문화를 전공했다.
② 쑤안 흐엉 씨는 별문제 없이 유학 준비를 할 수 있었다.
③ 쑤안 흐엉 씨는 한국에 와서 한국어를 공부하기 시작했다.
④ 쑤안 흐엉 씨가 유학을 오게 된 것은 선생님의 영향이 컸다.

03 인터뷰 기사를 써 보세요.

(1) 학교 신문에 인터뷰 기사를 쓰려고 합니다. 인터뷰한 내용을 메모해 보세요.

Ⅰ. 인터뷰한 사람 소개: ______________________________

Ⅱ. 인터뷰 내용: ______________________________

1. 한국에 유학 온 계기: ______________________________
2. 유학 준비 과정: ______________________________
3. 현재의 생활과 앞으로의 계획: ______________________________

Ⅲ. 기자의 느낌: ______________________________

(2) 위의 메모를 바탕으로 인터뷰 기사를 써 보세요.

문화

대화 상대와 인사말

우리는 윗사람에게 "수고하셨습니다."나 "수고하세요."라고 인사를 하는 경우가 많습니다. 그러나 이런 말은 보통 윗사람이 아랫사람에게 사용하는 표현입니다. 따라서 여러분이 수업 후에 교실을 나갈 때는 선생님께 "수고하셨습니다."보다는 "감사합니다.", "고맙습니다.", "안녕히 계세요." 또는 "선생님, 내일 뵙겠습니다."라고 하는 것이 적절합니다.

또한 "미안합니다."의 경우도 마찬가지입니다. 윗사람에게는 "미안합니다."라고 말하는 것보다는 "죄송합니다."라고 말하는 것이 더 적절합니다. "미안합니다."는 "죄송합니다."보다 공손한 느낌이 적어 어색하게 들리기 때문입니다.

이렇게 상황에 맞게 적절한 인사말을 고르는 것은 한국 사람들에게도 간단한 문제가 아닙니다. 여러분도 대화 상대에 따라 적절한 인사말을 사용하도록 노력해 보세요.

01 수업 후에 교실을 나갈 때 선생님께 어떻게 인사하는 것이 좋을까요?

02 여러분 나라 말에도 상황에 따라 달라지는 인사말들이 있습니까? 이야기해 보세요.

제2과

휴가 계획

제 2 과 휴가 계획

Part 1

준비합시다 1	-(으)ㄹ 테니까
준비합시다 2	-는 길에
준비합시다 3	-(으)ㄴ 덕분에
어휘	휴가
	숙박 시설

Part 2

들어 봅시다	여름휴가에 대한 대화 듣기
말해 봅시다	숙소와 교통편 추천하기
읽고 써 봅시다	여행객을 위한 광고의 글 읽고 쓰기
문화	한국의 숙박 문화

Part 1

준비합시다

01 -(으)ㄹ 테니까

주말에 길이 막힐 것 같습니다. 길이 막힐 것이라는 것을 추측해서 말할 때 어떻게 말할까요?

A 주말에 길이 막힐까요?

B 네. 길이 막힐 테니까 집에서 일찍 출발하세요.

문법

A/V + (으)ㄹ 테니까

'-(으)ㄹ 테니까'는 뒤의 내용에 대한 조건으로 말하는 사람의 강한 추측을 나타낼 때 사용한다.

자음 + 을 테니까 예 작을 테니까, 먹을 테니까
모음, ㄹ + ㄹ 테니까 예 클 테니까, 만들 테니까

연습

질문에 추측해서 대답하려고 합니다. '-(으)ㄹ 테니까'를 사용해서 말해 보세요.

	추측	조언
보기	오후에 비가 오다	우산을 가지고 가다
①	이번 시험이 어렵다	준비를 철저히 하다
②	많이 걸으면 발이 아프다	운동화를 신고 가다
③	새로 시작한 사업이 잘되다	걱정하지 말다
④	주말에는 백화점이 붐비다	금요일에 장을 보다
⑤	눈이 와서 길이 미끄럽다	집으로 돌아갈 때 조심하다

A 오후에 비가 올까요?

B 네. 비가 올 테니까 우산을 가지고 가세요.

· 철저히
· 미끄럽다

02 -는 길에

백화점에 가기 전에 은행에 가서 돈을 찾은 것을 어떻게 말하면 좋을까요?

A 요코 씨, 돈을 찾았어요?

B 네, 백화점에 가는 길에 은행에 들러서 돈을 찾았어요.

문법

V + 는 길에

'-는 길에'는 '가거나 오는 도중이나 기회에'의 의미로 '가다'나 '오다'와 같은 동사와 함께 쓰여 사용된다.

예 가는 길에, 돌아오는 길에, 출근하는 길에

Tip V + 는 길이다: '가다'나 '오다'와 같은 동사와 결합하여 '-는 길이다'의 형태로 쓴다. 이때는 어떤 한 일을 하고 있는 중이라는 뜻을 나타낸다.
예 집에 가는 길이다. 학교에서 오는 길이다.

연습

다음 사람들이 가거나 오는 도중에 한 일을 '-는 길에'를 사용해서 말해 보세요.

	이름	도중에 한 일	하려고 한 일
보기	마이클	약국에 들러서 두통약을 샀다	편의점에 가다
①	이치로	학교 앞에서 친구를 만났다	퇴근하다
②	나타샤	우체국에 들러서 편지를 부쳤다	점심을 먹으러 오다
③	얀	도서관에 가서 책을 반납했다	집으로 돌아오다
④	장소이	어젯밤에 불꽃놀이를 봤다	약속 장소로 가다
⑤	왕카이	학교 보건소에서 진찰을 받았다	기숙사로 돌아가다

A 마이클 씨, 두통약을 샀어요?

B 네. 편의점에 가는 길에 약국에 들러서 샀어요.

- 부치다
- 반납하다
- 보건소
- 진찰을 받다

03 -(으)ㄴ 덕분에

친구가 도와줘서 여행을 잘 다녀왔습니다. 그 이유를 어떻게 말할까요?

A 여행 잘 다녀왔어요?

B 네, 수진 씨가 여행안내 책을 빌려 준 덕분에 좋은 곳으로 여행을 갈 수 있었어요.

문법

V + (으)ㄴ 덕분에

'-(으)ㄴ 덕분에'는 앞의 행동이나 결과가 원인이 되어서 일이 잘되었을 때 사용한다.

자음 + 은 덕분에 예 먹은 덕분에　　모음, ㄹ + ㄴ 덕분에 예 간 덕분에, 만든 덕분에

Tip 명사는 'N + 덕분에'로 쓴다.
예 친구 + 덕분에 → 친구 덕분에　　선생님 + 덕분에 → 선생님 덕분에

연습

다음 사람들은 어떤 이유로 일이 잘되었습니까? '-(으)ㄴ 덕분에'를 사용하여 이유를 말해 보세요.

	이름	잘된 일	이유
보기	티엔	한국말을 빨리 배웠다	선생님께서 잘 가르쳐 주셨다
①	마이클	서류를 모두 정리했다	준영 씨가 도와줬다
②	장소이	항상 시험을 잘 보다	예습, 복습을 철저히 했다
③	미셸	좋은 식당을 많이 알다	음식 프로그램을 자주 봤다
④	왕카이	요즘 유행하는 노래를 많이 알다	매일 라디오를 들었다
⑤	이치로	피자를 공짜로 먹었다	쿠폰을 모았다

A 티엔 씨, 어떻게 한국말을 빨리 배웠어요?

B 선생님께서 잘 가르쳐 주신 덕분에 한국말을 빨리 배웠어요.

· 공짜
· 쿠폰

어휘

휴가

11

휴가를 내다

휴가 계획을 세우다

숙소를 정하다

휴가철

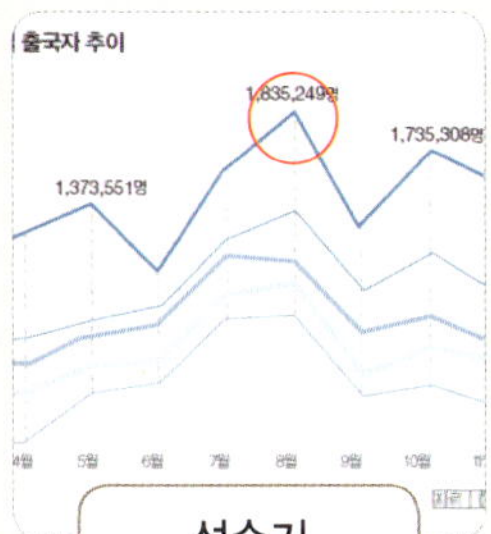

성수기

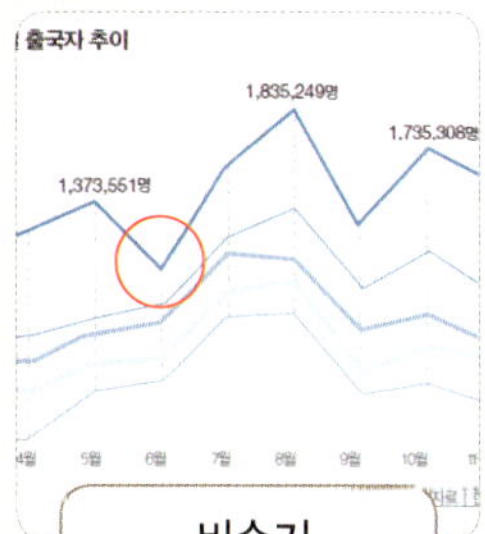

비수기

숙박 시설

호텔

펜션

콘도

민박

Part 2

들어 봅시다

여름휴가에 대한 대화 듣기

01 여기는 어디입니까? 사람들은 지금 무엇을 하고 있습니까?

02 다음은 김은경 씨와 나타샤 씨의 대화입니다. 잘 듣고 물음에 답하세요. 12

(1) 김은경 씨가 전화를 했을 때 나타샤 씨는 무엇을 하고 있었습니까?

① 여행을 하고 있었다.

② 사진을 정리하고 있었다.

③ 관광 안내 책을 보고 있었다.

(2) 나타샤 씨가 휴가에서 한 것은 무엇입니까? 모두 고르세요.

① 쇼핑하기　② 유람선 타기　③ 전통 공연 보기

④ 박물관 관람하기　⑤ 프랑스 음식 먹기

(3) 맞는 것에 ✓표 하세요.

① 나타샤 씨는 작년에 부산에 가 봤다. 네 ______ 아니요 ______

② 나타샤 씨와 김은경 씨는 다음에 만나기로 했다. 네 ______ 아니요 ______

③ 김은경 씨는 지난주에 부산으로 여름휴가를 다녀왔다. 네 ______ 아니요 ______

· 유람선
· 전통 공연

말해 봅시다

숙소와 교통편 추천하기

여행을 가는 친구에게 숙소와 교통편에 대해서 조언하세요.

Try it!

말풍선을 따라 대화를 구성해 보세요.

	장소이 수날에 여행을 가려고 하는 친구에게 숙소와 교통편을 추천해 주세요.	미셸 친구에게 숙소와 교통편에 대해 물어보세요.
1. 여행 계획 묻고 답하기	다음 주말 | 여행 | 가다?	○ 친구들 | 같이 | 가기로 하다
2. 조건에 맞는 여행지 추천하고 숙소 묻기	숙소 | 정하다?	아직 못 정하다 친구들 + 음식 | 만들어 먹다 + 신나게 놀다 + 좋은 데 없다?
3. 조건에 맞는 숙소 추천하고 숙박비 걱정하기	음식 | 만들어 먹고 싶다 + 펜션 | 가는 건 어떻다?	숙박비 | 비싸지 않다?
4. 숙박비 정보 말하고 교통편 묻기	지금 비수기이다 + 별로 비싸지 않다 + 인터넷 | 알아보다	뭘 타고 가다 + 좋다?
5. 교통편 추천하고 감사 인사하기	KTX | 가다 버스 | 가는 것 | 시간 | 덜 걸리다 주말 | 평일 | 표 | 빨리 매진되다 + 미리 예매하다	○ 장소이 씨 + 재미있다 + 다녀오다

표현

■ 숙소 추천하기

음식을 만들어 먹고 싶으면 펜션으로 가세요.
음식을 만들어 먹고 싶다면 펜션이 괜찮을 것 같아요.
음식을 만들어 먹고 싶어 하니까 펜션에 가는 건 어때요?

대화

13

장소이 다음 주말에 여행을 가지요?

미셸 네. 친구들과 같이 부산에 가기로 했어요.

장소이 그래요? 숙소는 정했어요?

미셸 아니요, 아직 못 정했어요. 친구들과 음식도 만들어 먹고 신나게 놀고 싶은데 어디 좋은 데 없을까요?

장소이 음식을 만들어 먹고 싶으면 펜션에 가는 건 어때요?

미셸 숙박비가 좀 비싸지 않을까요?

장소이 글쎄요. 지금은 비수기라서 별로 비싸지 않을 테니까 자세한 것은 인터넷에서 알아보세요.

미셸 네. 그런데 부산에 뭘 타고 가는 게 좋을까요?

장소이 KTX로 가세요. 버스로 가는 것보다 시간이 덜 걸려요. 그런데 주말은 평일보다 표가 빨리 매진되니까 미리 예매하세요.

미셸 네, 그래야겠어요. 장소이 씨 덕분에 재미있게 다녀올 수 있을 것 같아요.

확장

여행을 가려고 계획을 세우는 친구에게 여행지, 숙소, 교통편 등 여행 정보에 대해 알려 주세요.

· 덜 · 교통편

읽고 써 봅시다

여행객을 위한 광고의 글 읽고 쓰기

01 여러분은 스쿠버 다이빙을 해 본 적이 있습니까? 스쿠버 다이빙을 하면 어떤 점이 좋을까요? 이야기해 보세요.

02 다음은 여행객을 위한 스쿠버 다이빙 프로그램을 광고하는 글입니다. 잘 읽고 물음에 답하세요. 14

함께 가요, 흥미진진한 바다 속으로!

특별한 경험을 해 보고 싶으십니까? 그러면 저희 이화 레저로 오십시오. 저희 이화 레저는 스쿠버 다이빙을 쉽고 재미있게 가르쳐 드리고 있습니다.

스쿠버 다이빙을 하면 바로 눈앞에서 물고기와 눈을 맞출 수 있고 물속에서 아름다운 경치도 감상하실 수 있습니다. 그리고 물속에서 운동을 하기 때문에 몸매도 가꿀 수 있습니다.

수영을 못하십니까? 수영을 못해도 스쿠버 다이빙을 할 수 있습니다. 전문가와 함께 들어가기 때문에 처음 하시는 분들도 어렵지 않을 테니까 걱정하지 마십시오.

또 스쿠버 다이빙을 하고 싶지만 돈이 많이 들 것 같아서 걱정이 되십니까? 저희 이화 레저는 필요한 장비를 가지고 있습니다. 체험비는 8만 원이고 장비 이용료는 2만 원입니다. 이용료에는 식사비가 포함되어 있습니다. 그리고 수중 촬영도 해 드리니까 돌아가시는 길에 사진을 찾아 가시면 됩니다.

어떻습니까? 흥미진진하지요? 스쿠버 다이빙은 아이부터 어른까지 온 가족이 함께 즐길 수 있습니다. 연인, 친구, 가족들과 즐겁고 신나는 추억을 함께 만들어 보십시오.

전화번호 010-1234-5678
이메일 ewhadiving@mail.net

- 흥미진진하다
- 스쿠버 다이빙
- 눈을 맞추다
- 감상하다
- 몸매
- 가꾸다
- 장비
- 이용료
- 포함되다
- 수중 촬영

(1) 이 글에서 이야기하는 스쿠버 다이빙 체험에 대한 설명으로 맞는 것을 고르세요.

① 장비 이용료는 무료이다.
② 남녀노소 모두 할 수 있다.
③ 체험비를 내면 식사를 할 수 있다.
④ 여기에서 스쿠버 다이빙 자격증을 딸 수 있다.

(2) 이 글에서 말한 스쿠버 다이빙의 장점이 아닌 것은 무엇입니까?

① 몸매를 가꿀 수 있다.
② 시간이 조금밖에 안 걸린다.
③ 아름다운 풍경을 볼 수 있다.
④ 바다 속에서 사진도 찍을 수 있다.

03 관광객들이나 여행객들이 체험할 수 있는 다양한 활동 체험에 대해 광고하는 글을 써 보세요.

(1) 관광객들이나 여행객들에게 체험 프로그램을 광고하려고 합니다. 어떤 체험을 할 수 있습니까? 그 체험의 좋은 점은 무엇입니까? 광고 내용을 메모해 보세요.

I. 여행 상품 소개: ______________________________

____

II. 여행 상품의 특징: ______________________________

____

1. 장점: ______________________________

____

2. 비용: ______________________________

____

III. 인사, 연락처: ______________________________

____

(2) 위의 메모를 바탕으로 체험 프로그램을 광고하는 글을 써 보세요.

문화

한국의 숙박 문화

한국에는 다양한 숙박 시설이 있습니다. 주로 휴양지에서 자주 볼 수 있는 숙박 시설은 콘도, 펜션, 민박입니다.

콘도는 직접 음식을 해 먹을 수 있어서 가족끼리 여행할 때 주로 갑니다. 놀이 시설, 노래방, 슈퍼마켓, 식당과 같은 편의 시설도 있습니다. 펜션은 규모가 작지만 많은 사람이 이용하지 않기 때문에 콘도와 다르게 좀 더 조용하고 아늑하게 지낼 수 있는 장점이 있습니다. 민박은 휴가철에만 여행하는 사람들에게 방을 빌려 주는 것입니다. 민박은 시설이 좋지는 않지만 숙박비가 저렴하기 때문에 여행하는 사람들이 자주 찾습니다. 그리고 시골 사람들의 정을 느낄 수 있기 때문에 민박을 좋아하는 사람들도 많습니다.

01 한국의 휴양지에는 어떤 숙박 시설이 있습니까? 각각의 장점과 단점은 무엇입니까?

02 여러분 나라에는 어떤 숙박 시설이 있습니까? 서로 이야기해 보세요.

제3과

문화 차이

제 3 과 문화 차이

Part 1	준비합시다 1	–던
	준비합시다 2	–았/었던
	준비합시다 3	–나요
	어휘	인사 방법
Part 2	들어 봅시다	한국의 인사에 대한 발표 듣기
	말해 봅시다	친구 집을 방문한 경험 말하기
	읽고 써 봅시다	문화 차이에 대한 글 읽고 쓰기
	문화	몸짓언어

Part 1

준비합시다

01 –던

여러분이 자주 간 적이 있는 식당을 말할 때 어떻게 말하면 좋을까요?

A 어떤 식당으로 예약할까요?

B 우리가 늘 가던 데로 예약해요.

문법

A/V + 던

'–던'은 과거의 사건이나 행위를 다시 떠올리면서 그 행위가 과거의 어느 시점까지 반복되어 온 것을 나타낼 때 사용한다.

A 자음 + 던 예 많던 모음 + 던 예 예쁘던

V 자음 + 던 예 먹던 모음 + 던 예 가던

연습

여러분은 고향에서 무엇을 하며 어떻게 지냈습니까? '–던'을 사용해서 말해 보세요.

	질문	대답
보기	친구들과 어떤 식당에 자주 갔습니까?	학교 근처 이탈리아 식당
①	어떤 동네에 살았습니까?	작은 시골 마을
②	무슨 운동을 주로 했습니까?	한국 사람도 좋아하는 축구
③	무슨 음악을 자주 들었습니까?	비틀즈의 'Yesterday'
④	아프면 어느 병원에 자주 갔습니까?	집에서 가까운 병원
⑤	가족들과 무슨 음식을 자주 만들어 먹었습니까?	토마토와 계란이 들어 있는 샌드위치

A 고향에 있을 때 친구들과 어떤 식당에 자주 갔습니까?

B 친구들과 자주 가던 식당은 학교 근처 이탈리아 식당입니다. 값도 싸고 맛있었어요.

· 늘
· 시골
· 비틀즈
· 토마토

02 -았/었던

과거에 경험한 어떤 일에 대하여 회상하면서 말할 때 어떻게 말할까요?

A 이치로 씨, 여기는 어디예요?

B 작년 생일에 친구들하고 같이 갔던 스키장이에요.

문법

V + 았/었던

'-았/었던'은 과거의 어느 시점에서 그 이전까지 지속되던 행동이 완결되거나 중단됨을 나타낼 때 사용한다.

어간 'ㅏ', 'ㅗ' + 았던 예 갔던, 받았던
그 밖의 어간 + 었던 예 먹었던, 만들었던, 썼던

연습

과거에 경험한 일에 대해서 말하려고 합니다. '-았/었던'을 사용해서 말해 보세요.

	과거의 일	최근 상황
보기	1년 전에 읽었다 / 책	요즘 다시 읽기 시작했다
①	어젯밤에 꾸었다 / 꿈	무서워서 잊을 수 없다
②	신혼여행 때 묵었다 / 호텔	5년 후에 다시 가기로 했다
③	초등학교 때 좋아했다 / 친구	어제 길에서 보았다
④	언니가 결혼할 때 입었다 / 웨딩드레스	내가 다시 입기로 했다
⑤	작년에 비행기 안에서 만났다 / 아주머니	집 근처에서 우연히 만났다

· 우연히

1년 전에 읽었던 책을 요즘 다시 읽기 시작했습니다.

03 -나요

다른 사람에게 친근한 느낌으로 질문을 할 때 어떻게 물어보면 좋을까요?

A 이번 토요일 오전에 일본으로 가는 비행기 표가 아직 있나요?

B 손님, 죄송합니다. 토요일 오전 표는 매진입니다.

문법

V + 나요

'-나요'는 상대방에게 부드럽게 물어볼 때 사용한다. 미래는 '-(으)ㄹ 건가요'를 쓴다.

자음 + 나요 예 먹나요　　모음, ㄹ + 나요 예 가나요, 만드나요

연습

비행기를 타려고 합니다. 직원에게 '-나요'를 사용해서 물어보세요.

보기 A: 몇 번 게이트에서 타나요?　　B: 7번 게이트에서 타시면 됩니다.

① A: 창가 자리가 ______________?
B: 죄송하지만 창가 자리는 없습니다.

② A: 짐은 어디에서 ______________?
B: 가방은 도착하시는 곳에서 찾으시면 됩니다.

③ A: 제시간에 ______________?
B: 물론입니다. 비가 오지만 제시간에 출발합니다.

④ A: 시애틀까지 시간이 얼마나 ______________?
B: 12시간 반 걸립니다.

· 게이트
· 시애틀

어휘

인사 방법 18

악수를 하다

손을 흔들다

포옹하다

절을 하다

허리를 굽히다

고개를 숙이다

코를 비비다

볼에 입을 맞추다

두 손을 모으다

Part 2

들어 봅시다

한국의 인사에 대한 발표 듣기

01 그림을 보고 어떻게 대답하면 좋을지 이야기해 보세요.

02 다음은 한국의 인사에 대한 발표입니다. 잘 듣고 물음에 답하세요. 19

(1) 들은 내용과 다른 것은 무엇입니까?

① 여자는 지금 긴장하고 있다.

② 여자는 한국어를 공부하고 있는 학생이다.

③ 여자는 많은 사람들 앞에서 발표한 경험이 많다.

(2) 들은 내용과 같은 것은 무엇입니까?

① 여자는 하숙집 아주머니를 이해할 수 없다.

② "안녕하세요?"는 정을 느낄 수 있는 인사이다.

③ "밥 먹었어요?"는 두 가지 의미를 가지고 있다.

(3) 맞는 것에 ✔표 하세요.

① 하숙집 아주머니는 이상한 사람이다. 네 ______ 아니요 ______

② 요즘에는 '밥 먹었어?'라는 질문에 간단하게 대답한다. 네 ______ 아니요 ______

· 긴장하다
· 발표하다
· 간단하다

말해 봅시다

친구 집을 방문한 경험 말하기

한국 친구의 초대를 받고 친구의 집을 방문했습니다. 문화 차이 때문에 생긴 실수에 대해서 친구와 이야기해 보세요.

Try it! 말풍선을 따라 대화를 구성해 보세요.

	박영민 친구에게 한국 친구 집을 방문한 경험을 묻고 실수한 친구를 위로하세요.	요코 한국 친구의 집을 방문했을 때 궁금했던 점을 물어 보세요.
1. 친구 집에 잘 다녀왔는지 묻기	친구 집 | 잘 다녀오다?	○ 할머니 | 절 | 하다 + 일어나다 + 넘어졌다
2. 놀람 표현하기	절 | 하다 + 넘어졌다?	부끄러웠다 영민 씨도?
3. 위로하고 선물에 대해 말하기	○, 너무 신경 쓰지 말다 한국 사람 | 그런 경우 | 있다 선물 | 뭐 | 샀다?	떡 | 샀다 할머니 | "왜 이런 걸 사 왔어?"라고 하시다 + 당황했다
4. 오해 말하기	고마운 마음 | 그렇게 표현하다 식사 | 어땠다?	음식 | 맛있었다 한국 사람 | 밥그릇 | 들지 않다 + 먹다?
5. 한국의 식사 예절에 대해 말하기	○ 밥그릇 | 들다 + 밥 | 먹다 + 예의 | 어긋나다	그렇군요 몰랐다

표현

■ 실수한 친구 위로하기

괜찮아요. 한국 사람들도 가끔 그러는데요.
너무 신경 쓰지 마세요. 한국 사람들도 종종 그런 경우가 있어요.
외국인인데 그럴 수도 있지요. 한국 사람들도 그럴 때가 있어요.

대화

20

박영민 한국 친구 집에 잘 다녀왔어요?

요코 네, 지난주에 다녀왔어요. 그런데 할머니께 절을 하고 일어나다가 뒤로 넘어졌어요.

박영민 절을 하다가 넘어졌어요?

요코 네. 너무 부끄러웠어요. 영민 씨도 그랬던 적이 있어요?

박영민 그럼요, 너무 신경 쓰지 마세요. 한국 사람들도 종종 그런 경우가 있어요. 그런데 선물은 뭘 사 갔어요?

요코 떡을 사 갔어요. 그런데 할머니께서 "왜 이런 걸 사 왔어?"라고 하셔서 당황했어요. 선물이 마음에 안 드신 것 같아요.

박영민 마음에 안 드셔서 그러신 게 아니라 고마운 마음을 그렇게 표현하신 거예요. 그런데 식사는 어땠어요?

요코 음식이 아주 맛있었어요. 참, 그런데 한국에서는 밥그릇을 들지 않고 먹나요?

박영민 네. 한국에서 밥그릇을 들고 밥을 먹으면 예의에 어긋나거든요.

요코 그렇군요. 저는 그걸 몰랐어요.

확장

여러분도 한국과 여러분 나라의 문화가 달라서 이상하다고 생각한 점이 있었습니까? 여러분의 경험에 대해 친구와 이야기해 보세요.

· 신경 쓰다 · 종종 · 밥그릇 · 들다 · 예의 · 어긋나다

읽고 써 봅시다

문화 차이에 대한 글 읽고 쓰기

01 다음 사진을 보고 어느 나라의 인사인지, 어떻게 인사하는지 이야기해 보세요.

02 다음은 학교 잡지에 실린 한국에서의 특별한 경험에 대한 글입니다. 잘 읽고 물음에 답하세요. 21

나라마다 다른 인사법

소피 플로베르

여러분은 처음 만난 사람이 만나자마자 가까이 와서 코를 비비면 어떨 것 같습니까? 불쾌할 수도 있지만 에스키모라면 이상하게 생각할 필요가 없습니다. 에스키모는 반가움, 친근함의 표현으로 서로 코를 비비기 때문입니다. 이렇게 인사하는 방법은 나라마다 다릅니다.

한국과 프랑스의 인사법도 서로 다릅니다. 한국에서는 두 손을 배 위에 모으고 허리를 숙여서 인사합니다. 그러나 프랑스에서는 양 볼에 가볍게 입을 맞추는 것이 인사입니다. 그런데 저는 그 인사가 한국에서 연인으로 오해를 받을 수 있다는 것을 몰랐습니다.

그래서 수진 씨가 처음 이치로 씨를 소개해 주던 날, 우리는 서로 이상한 사람으로 오해했습니다. 제가 이치로 씨에게 프랑스 식으로 인사하려고 했을 때, 이치로 씨가 뒤로 물러섰기 때문입니다. 저는 정말 당황했습니다. 그 모습을 보던 수진 씨가 우리를 보고 웃으면서 프랑스 인사법을 설명해 주었습니다.

나라마다 인사하는 방법은 다르지만 반가움, 친근함을 표현하는 마음은 모두 같습니다. 상대방의 문화를 이해하고 그 나라의 인사 표현을 알면 다른 나라 사람에게도 더욱 가깝게 다가갈 수 있을 것입니다.

- 불쾌하다
- 에스키모
- 친근함
- 연인
- 오해받다
- 물러서다
- 다가가다
- 표현 방식

(1) 다음 글의 내용과 다른 것은 무엇입니까?

① 인사하는 방법은 문화마다 다르다.

② 한국에서는 허리를 굽혀서 인사를 한다.

③ 에스키모는 인사로 서로 마주보고 코를 비빈다.

④ 인사의 표현 방식에 따라 반가움을 표현하는 정도가 다르다.

(2) 맞는 것에 ✓표 하세요.

① 두 사람이 인사했을 때 문화가 달라서 서로 당황했다. 네 ______ 아니요 ______

② 한국에서는 프랑스 식으로 인사를 하면 연인으로 오해받을 수 있다.

네 ______ 아니요 ______

03 문화 차이에 대한 경험의 글을 써 보세요.

(1) 여러분이 경험한 문화 차이에 대해 글을 쓰려고 합니다. 여러분이 느낀 문화 차이에 대해서 간단히 메모해 보세요.

Ⅰ. 들어가는 말: ______

Ⅱ. 두 나라의 문화 차이: ______

Ⅲ. 경험: ______

Ⅳ. 맺는 말: ______

(2) 위의 메모를 바탕으로 문화 차이에 대한 경험의 글을 써 보세요.

문화

몸짓언어

외국에서 그 나라 말을 모르면 당황할 때가 있습니다. 이럴 때 몸짓언어를 사용하면 의사소통이 가능한 경우가 있지요?

그렇지만 몸짓언어도 사회적 약속이기 때문에 나라마다 차이를 보입니다. 한국 사람들은 수를 셀 때 엄지손가락부터 안으로 꼽는데 서양 사람들은 주먹 밖으로 손가락을 펴면서 수를 셉니다. 또한 몸짓언어는 상황이나 문화에 따라서 적절하게 사용해야 합니다. 예를 들어 한국에서는 손등이 위로 가게 해서 손가락을 안으로 구부리면 다른 사람을 부르는 것이지만 반대로 하면 개나 고양이 같은 동물을 부르는 것입니다.

상황에 맞는 몸짓언어를 적절히 사용하기 위해서 외국어를 배울 때 그 나라에서 사용하는 몸짓언어도 함께 익혀 보는 게 어떨까요?

01 몸짓언어가 나라마다 다른 이유는 무엇입니까?

02 한국의 몸짓언어와 여러분 나라의 몸짓언어는 어떤 차이가 있습니까? 이야기해 보세요.

거절할 때 / 수를 셀 때 / 사람을 부를 때 / 자신을 가리킬 때

제4과

내가 사는 곳

제4과 내가 사는 곳

Part 1	준비합시다 1	-게 되다
	준비합시다 2	-(으)ㄹ수록
	준비합시다 3	에 비해(서)
	어휘	기숙사 시설
Part 2	들어 봅시다	하숙집 아주머니에게 부탁하는 대화 듣기
	말해 봅시다	기숙사 시설에 대한 정보 얻기
	읽고 써 봅시다	외국 생활에 대한 감상의 글 읽고 쓰기
	문화	한국인의 호칭

Part 1

준비합시다

01 -게 되다

22

여러분의 생각이나 의지와 관계없이 다른 상황 때문에 어떤 일을 할 때가 있지요? 그때 어떻게 말할까요?

A 나타샤 씨, 이사 가세요?

B 네. 남편 직장 때문에 외국에 가게 됐어요.

문법

V + 게 되다

'-게 되다'는 주어의 의지나 바람과는 달리 다른 사람의 행위, 어떤 외부적인 조건에 의해 어떤 상황에 이르게 되었음을 나타낼 때 쓴다.

자음 + 게 되다 예 닫게 되다 모음 + 게 되다 예 가게 되다

연습

다음은 어떤 일의 결과와 원인입니다. '-게 되다'를 사용해서 말해 보세요.

	결과	원인
보기	회사가 문을 닫았다	수출이 안 되다
①	사무실을 옮겼다	싸고 좋은 사무실을 구하다
②	면접시험을 급하게 봤다	회사에서 갑자기 연락이 오다
③	휴가에 여행을 못 갔다	같이 가기로 한 사람들이 취소하다
④	여자 친구하고 헤어졌다	부모님이 만나는 걸 반대하시다
⑤	아르바이트를 그만두었다	회사에 취직이 되다

A 왜 회사가 문을 닫았어요?

B 수출이 안 돼서 닫게 됐어요.

· 직장
· 수출

02 -(으)ㄹ수록

23

같은 동네에 계속 살면서 그곳에 대해 편안함을 더 많이 느끼게 될 때 어떻게 말할까요?

A 이 동네는 살기 좋지요?

B 네. 처음에는 몰랐는데 살수록 살기 편해요.

문법

A/V + (으)ㄹ수록

'-(으)ㄹ수록'은 상황이나 정도가 더 심해질 경우, 뒤에 나오는 결과나 상황도 그에 비례해 더하거나 덜하게 됨을 나타낼 때 쓴다.

Ⓐ 자음 + 을수록 예 많을수록　　모음, ㄹ + ㄹ수록 예 쌀수록

Ⓥ 자음 + 을수록 예 먹을수록　　모음, ㄹ + ㄹ수록 예 볼수록

Tip '-(으)ㄹ수록'을 강조해서 말할 때 같은 형용사나 동사를 반복해서 '-(으)면 -(으)ㄹ수록'으로 쓴다.
예 싸면 쌀수록, 먹으면 먹을수록

연습

다음은 상황에 따라 변화된 결과입니다. '-(으)ㄹ수록'을 사용해서 말해 보세요.

	상황	변화된 결과
보기	아파트는 교통이 편리하다	출퇴근하기 좋아서 인기가 많다
①	도와주는 사람이 많다	재미있어서 계속 공부하게 되다
②	한국말을 배우다	통학하기 편해서 찾는 사람이 많다
③	한국 영화를 보다	일이 빨리 끝나다
④	학교에서 가까운 하숙집이다	아이들 실력이 늘어서 보람이 있다
⑤	아이들에게 영어를 가르치다	한국 영화배우에 관심이 생기다

아파트는 교통이 편리할수록 출퇴근하기 좋아서 인기가 많아요.

· 출퇴근하다
· 통학하다
· 실력
· 보람

03 에 비해(서)

24

러시아의 겨울 날씨를 한국의 날씨와 비교해서 말할 때 어떻게 표현할까요?

A 나타샤 씨, 러시아의 겨울은 한국보다 춥지요?

B 네. 한국에 비해서 훨씬 추워요.

문법

N + 에 비해(서)

'에 비해서'는 앞의 명사가 비교의 대상이 되어 뒤에 나오는 내용의 결과가 되는 것을 나타낼 때 사용한다.

자음 + 에 비해(서) 예 한국에 비해(서)　　모음 + 에 비해(서) 예 크기에 비해(서)

연습

어떤 기준을 중심으로 비교해서 말하려고 합니다. '에 비해(서)'를 사용해서 말해 보세요.

	비교할 것	비교 내용
보기	시험 성적	공부한 것 / 잘 나왔다
①	올해 여름 날씨	작년 여름 / 덥다
②	새로 산 MP3 가격	성능 / 싸다
③	한준영 씨의 아들 키	나이 / 크다
④	이번 달 환율	지난 달 / 올랐다
⑤	어제 본 영화	원작 / 재미있었다

A 시험 성적은 잘 나왔어요?

B 네. 공부한 것에 비해서 성적이 잘 나왔어요.

- 훨씬
- 성적
- 잘 나오다
- 성능
- 환율
- 오르다
- 원작

어휘

기숙사 시설

25

1인 1실

2인 1실

세탁실

조리실

경비실

체력 단련실

공동 샤워실

냉방 시설

난방 시설

Part 2

들어 봅시다

하숙집 아주머니에게 부탁하는 대화 듣기

01 하숙집에서 생활한다면 다음 중 가장 불편한 것이 무엇일까요? 왜 그렇게 생각합니까? 서로 이야기해 보세요.

02 다음은 얀 씨와 하숙집 아주머니의 대화입니다. 잘 듣고 물음에 답하세요. 26

(1) 얀 씨가 말한 불만 두 가지는 무엇입니까?

① ______________________________.

② ______________________________.

(2) 얀 씨의 불만에 대한 아주머니의 대답이 아닌 것은 무엇입니까?

① 옆방에 사는 사람에게 주의를 주겠다.

② 얀 씨의 방을 다른 곳으로 옮겨 주겠다.

③ 내일부터 밥과 빵을 모두 준비해 주겠다.

(3) 맞는 것에 ✓표 하세요.

① 옆방에 사는 사람은 주말에 바빠서 만날 수 없다. 네 ____ 아니요 ____

② 얀 씨는 아주머니가 도와주어서 감사해 하고 있다. 네 ____ 아니요 ____

③ 아주머니는 얀 씨의 부탁 때문에 기분이 좋지 않다. 네 ____ 아니요 ____

· 불만
· 주의를 주다

말해 봅시다

기숙사 시설에 대한 정보 얻기

기숙사에 새로 들어왔습니다. 같은 방 친구와 인사를 나누고 기숙사의 각 층에는 어떤 시설이 있는지 같은 방 친구에게 물어보세요.

Try it!

말풍선을 따라 대화를 구성해 보세요.

	리사 자신을 소개하고 기숙사 시설에 대해 물어보세요.	은경 기숙사 시설에 대해 알고 있는 것을 새로 온 방 친구에게 알려 주세요.
1. 소개하기	안녕? 오늘 | 같이 방 | 쓰게 되다 + 리사이다	반갑다 김은경이다 4학년이다 + 정치학을 전공하다 어느 나라 | 오다?
2. 한국에 온 목적 말하기	미국 사람이다 이번 학기 | 여기 | 한국어 | 공부하다	한국어 | 잘하시다 한국어 | 재미있다?
3. 기숙사의 조리 시설에 대해 묻기	재미있다 + 배우다 + 어렵다 이 기숙사 | 어떤 시설? 음식 | 만들다 + 먹다?	음식을 만들 수 없다 + 간단한 건 1층 식당에 있는 전자레인지 | 사용하면 되다 학교 안 | 식당 | 많다 + 불편하지 않다
4. 세탁실과 체력 단련실에 대한 정보 얻기	세탁실은 어디 | 있다?	지하 1층 | 있다 그 옆 | 체력 단련실 | 있다 + 시설이 좋다 + 가 보다
5. 인사하기	내일 가 보다 고맙다	궁금한 게 있다 + 언제든지 물어보다

표현

■ 기숙사 시설에 대해 묻기

기숙사 시설은 어때요?
기숙사는 시설이 좋아요?
기숙사에는 어떤 시설이 있어요?

■ 방에 대해 묻기

방은 1인 1실이에요?
방은 몇 인실이에요?
몇 명이 한 방을 써요?

대화

27

리사 안녕하세요? 오늘부터 같이 방을 쓰게 된 리사예요.

은경 반가워요. 전 김은경이에요. 4학년이고 정치학을 전공하고 있어요. 리사 씨는 어느 나라에서 왔어요?

리사 미국 사람이에요. 이번 학기부터 여기에서 한국어를 공부하게 됐어요.

은경 그래요? 한국어를 잘하시네요. 한국어는 재미있어요?

리사 네. 재미있지만 배울수록 어려워요. 그런데 이 기숙사에는 어떤 시설이 있어요? 음식은 만들어서 먹을 수 있어요?

은경 음식을 만들 수는 없지만 간단한 건 1층 식당에 있는 전자레인지를 사용하면 돼요. 그리고 학교 안에 식당들이 많아서 불편하지 않을 거예요.

리사 그렇군요. 그리고 세탁실은 어디에 있어요?

은경 지하 1층에 있어요. 그리고 그 옆에는 체력 단련실이 있는데 시설이 좋으니까 한번 가 보세요.

리사 네. 내일 가 볼게요. 고마워요.

은경 뭘요. 또 궁금한 게 있으면 언제든지 물어보세요.

확장

여러분은 기숙사에 새로 들어왔습니다. 새 기숙사의 시설에 대해 같은 방 친구에게 물어보세요.

조리 시설	3층에 조리실이 있다. 음식을 만들 수 있다
인터넷 사용	모든 방에서 사용할 수 있다. 1층 휴게실에서도 사용할 수 있다

· 정치학 · 전자레인지

읽고 써 봅시다

외국 생활에 대한 감상의 글 읽고 쓰기

01 한국에서 홈스테이를 한 적이 있습니까? 홈스테이의 장점과 단점은 무엇일까요? 친구들과 이야기해 봅시다.

02 다음은 학교 신문에 실린 홈스테이 경험에 대한 학생의 감상문입니다. 잘 읽고 물음에 답하세요. 28

즐거운 한국 생활

나는 교환학생으로 한국에 오게 되었다. 처음에는 아직 한국 문화도 익숙하지 않아서 기숙사에서 살았지만 조금 더 한국 문화에 대해 알고 싶어서 외국인 홈스테이를 하는 집으로 이사했다.

나와 함께 홈스테이를 하고 있는 사람들은 직업과 국적이 아주 다양했고 서울에 온 목적도 모두 다르다. 호주에서 온 라이언 씨는 한국의 대학원에 입학하고 싶어서 왔다. 그래서 지금 열심히 한국어능력시험을 준비하고 있다. 미국인 캐서린 씨는 한국 예술에 관심이 많아서 시간이 있으면 항상 미술관에 간다. 일본에서 온 아야카 씨는 한 달 동안 여행하러 왔는데 음식 만드는 것을 아주 좋아한다. 그래서 한국에 있는 동안 일주일에 한 번 요리 교실에 다닌다. 서울에 온 목적은 다르지만 한국과 한국 문화를 좋아하는 우리는 서로 친하게 지내고 있다.

홈스테이를 하면서 다양한 추억도 만들었다. 홈스테이를 같이 하고 있는 사람들과 한옥 마을에 가서 한국의 전통 놀이도 하고 한복을 입고 사진도 많이 찍었다. 그리고 제주도에 함께 가서 싱싱한 회도 먹고 해수욕도 했다. 그때를 생각하면 정말 행복하다.

지금도 홈스테이를 하고 있는데 살면 살수록 한국 생활이 더욱 즐거워지는 것 같다. 한국어 실력도 처음에 비해서 많이 늘었다. 한국에 오는 다른 외국인들에게도 홈스테이를 추천하고 싶다.

- 홈스테이
- 실력이 늘다

(1) 다음 글의 내용과 다른 것은 무엇입니까?

① 처음부터 홈스테이를 했다.

② 한국어 실력이 처음보다 좋아졌다.

③ 친구들과 재미있는 추억을 만들었다.

④ 외국인들에게 홈스테이를 추천하고 싶다.

(2) 홈스테이를 했던 외국인에 대한 설명으로 맞는 것은 무엇입니까?

① 캐서린 씨는 시간이 있을 때마다 미술관에 간다.

② 아야카 씨는 한국 요리를 배우기 위해 한국에 왔다.

③ 라이언 씨는 대학원에 다니면서 시험을 준비하고 있다.

03 외국 생활에 대한 감상의 글을 써 보세요.

(1) 여러분의 외국 생활에 대한 감상의 글을 쓰려고 합니다. 여러분이 외국 생활을 하면서 느낀 점에 대해서 간단히 메모해 보세요.

I. 들어가는 말: ____________________

____

II. 만난 사람: ____________________

____

III. 재미있는 추억: ____________________

____

IV. 느낀 점: ____________________

____

(2) 위의 메모를 바탕으로 외국 생활에 대한 감상의 글을 써 보세요.

한국인의 호칭

한국에서는 서로 가깝고 친하다는 것을 나타내기 위해 가족이 아닌데도 '언니', '이모'와 같은 가족 호칭을 사용하는 경우가 많습니다. 직장 생활에서도 적당한 호칭을 사용하는 것이 예의입니다. 아무리 친한 사이라도 선배나 상사에게 '박영민 씨'라는 호칭을 사용하는 것보다 '박영민 부장님', '박 부장님'처럼 직함을 부르는 것이 좋습니다.

호칭은 잘 사용하면 관계를 더 가깝게 만들기도 하지만 잘못 사용하면 실례가 되고 거리감을 느끼게 만들기도 합니다. 따라서 이러한 호칭을 인간관계에서 잘 사용한다면 보다 좋은 인간관계를 만들 수 있을 겁니다.

01 한국에서는 모르는 사람을 부를 때 어떻게 불러야 합니까?

02 여러분 나라에서는 모르는 사람을 부를 때 어떤 호칭을 사용합니까? 이야기해 보세요.

제5과

도시 생활

제 5 과 도시 생활

Part 1

준비합시다 1	-았/었었-
준비합시다 2	-(으)ㄴ/는/(으)ㄹ 모양이다
준비합시다 3	에 대해(서)
어휘	도시

Part 2

들어 봅시다	도시 생활의 장점과 단점 듣기
말해 봅시다	서울의 명소 추천하기
읽고 써 봅시다	도시 소개의 글 읽고 쓰기
문화	사투리

Part 1

준비합시다

01 –았/었었–

29

여러분은 옛날과 비교해서 어떻게 달라졌습니까? 달라진 점을 말할 때 어떻게 말할까요?

5년 전(러시아)

지금(한국)

나타샤 씨는 5년 전에는 러시아에서 살았었는데 지금은 한국에서 삽니다.

문법

A/V + 았/었었

'–았/었었–'은 어떤 상황이 과거에 있었지만 그 후에 그 상황이 계속되지 않고 다른 상황이 있음을 나타낼 때 사용한다.

어간 'ㅏ', 'ㅗ' + 았었 예 많았었다, 갔었다 그 밖의 어간 + 었었 예 적었었다, 먹었었다

연습

다음은 5년 전과 현재의 생활을 비교한 내용입니다. '–았/었었–'을 사용해서 말해 보세요.

	이름	5년 전	현재
보기	마이클	담배를 피우지 않았다	담배를 많이 피우다
①	장소이	한국어를 전혀 못했다	한국어를 할 줄 알다
②	이치로	대학교에 다녔다	회사원이다
③	왕카이	키가 작았다	키가 크다
④	한준영	출장이 거의 없었다	해외 출장을 자주 다니다
⑤	티엔	성격이 내성적이었다	성격이 활발하다

A 마이클 씨는 담배를 많이 피워요?

B 네. 마이클 씨는 5년 전에는 담배를 피우지 않았었는데 지금은 담배를 많이 피워요.

내성적이다

02 -(으)ㄴ/는/(으)ㄹ 모양이다

30

다른 사람이 한 일을 추측하여 말할 때 어떻게 말할까요?

A 왜 여기 물이 있지요?

B 우리가 이야기하는 동안 아이가 물을 쏟은 모양이에요.

문법

A/V + (으)ㄴ/는/(으)ㄹ 모양이다

'-(으)ㄴ/는/(으)ㄹ 모양이다'는 다른 사실이나 상황으로 미루어 현재 어떤 상태일 것이라고 추측하거나 짐작함을 나타낼 때 사용한다.

A	자음 + 은 모양이다	예 작은 모양이다, 많은 모양이다
	모음, ㄹ + ㄴ 모양이다	예 싼 모양이다, 먼 모양이다
V	자음 + 은/는/을 모양이다	예 먹은/먹는/먹을 모양이다
	모음, ㄹ + ㄴ/는/ㄹ 모양이다	예 간/가는/갈 모양이다, 만든/만드는/만들 모양이다

연습

다음 그림을 보고 '-(으)ㄴ/는/(으)ㄹ 모양이다'를 사용해서 말해 보세요.

· 쏟다

남자가 영수증을 보고 깜짝 놀라고 있어요. 아마 음식 값이 비싼 모양이에요.

03 에 대해(서)

31

관심이 있는 것을 설명할 때 어떻게 말할까요?

A 마이클 씨는 무슨 일로 한국에 왔어요?

B 저는 한국 문화에 대해서 관심이 많아요. 그래서 공부하러 왔어요.

문법

N + 에 대해(서)

'에 대해(서)'는 앞의 명사가 뒤에 오는 내용의 대상임을 나타낼 때 사용한다. 주로 '알다', '모르다', '말하다', '설명하다' 등의 동사와 같이 쓴다. 'N에 관해(서)'와 바꾸어 쓸 수 있다.

자음 + 에 대해서 예 한국에 대해서 　　 모음 + 에 대해서 예 친구에 대해서

Tip N + 에 대한 + N: '에 대한' 뒤에는 명사가 온다. 뒤에 나오는 명사는 주로 '글', '기사', '책', '소문', '이야기' 등이다. 예 한국 문화에 대한 책, 식사 예절에 대한 글

연습

다음 사람들은 한국의 무엇에 대해서 관심이 있는지 '에 대해(서)'를 사용해서 말해 보세요.

	이름	관심 있는 것	전에 들은 것
보기	이치로	명절	설날, 추석
①	장소이	가수	비, 보아
②	미셸	음식	잡채, 비빔밥
③	나타샤	도시	경주, 부산
④	티엔	전통 춤	탈춤, 부채춤
⑤	마이클	전통 놀이	윷놀이, 연날리기

A 이치로 씨는 한국의 명절에 대해서 알아요?

B 네. 한국의 명절에는 설날과 추석이 있어요.

· 탈춤
· 부채춤
· 전통 놀이
· 연날리기

어휘

도시

32

전통적이다

현대적이다

활기차다

번화하다

소음이 심하다

한적하다

인심이 좋다

공기가 맑다

공기가 탁하다

Part 2

들어 봅시다

도시 생활의 장점과 단점 듣기

01 여러분은 서울이 어떤 도시라고 생각합니까? 다음에서 골라 이야기해 보세요.

- ▢ 복잡하다
- ▢ 전통적이다
- ▢ 활기차다
- ▢ 현대적이다
- ▢ 매력적이다
- ▢ 에너지가 넘치다

02 다음은 도시 생활의 장점과 단점에 대한 대화입니다. 잘 듣고 물음에 답하세요.

33

(1) 들은 내용과 다른 것은 무엇입니까?

① 여자는 역사에 관심이 많다.
② 여자는 한국에서 3년 동안 살았다.
③ 여자의 고향은 서울보다 산이 많다.
④ 여자의 고향은 서울보다 공기가 탁하다.

(2) 여자는 서울 생활의 장점으로 무엇을 이야기했습니까?

① 물가가 싸다.
② 유적지가 많다.
③ 생활비가 적게 든다.
④ 지하철 시설이 좋다.

(3) 들은 내용과 같은 것은 무엇입니까?

① 여자는 매운 음식 때문에 고생하고 있다.
② 서울 사람들은 활기차고 에너지가 넘친다.
③ 여자는 서울 사람들이 일을 빨리 해서 좋아한다.
④ 서울 사람들은 빨리 말하지만 밥은 천천히 먹는다.

- 매력적
- 에너지
- 넘치다
- 고생하다

말해 봅시다

서울의 명소 추천하기

친구의 어머니께서 서울에 오실 겁니다. 서울에서 가 볼 만한 곳을 추천해 주세요.

Try it!

말풍선을 따라 대화를 구성해 보세요.

	준영 서울에서 가 볼 만한 곳을 추천해 주세요.	유코 서울에서 유명한 관광지에 대해서 준영에게 물어보세요.
1. 명소 추천 부탁하기	이번 휴가 | 뭐 | 하다?	어머니 | 오다 어디 | 가는 것 | 좋은지 모르다 어디 | 좋다?
2. 관심에 대해 말하기	어머니 | 어떤 것 | 관심 | 있다?	한국 | 처음 | 오다 전통적인 곳 | 좋아하다
3. 명소 추천하기	전통적인 곳 | 좋아하다 + 인사동 | 가다	인사동? 많이 듣다 + 못 가다 인사동 | 알려주다
4. 추천한 곳 설명하기	서울의 대표적인 전통문화 거리 + 볼거리 | 많다 근처 | 고궁 | 있다 + 외국 관광객 | 즐겨 찾다	그래요? 고궁 | 휴일 | 문 | 열다?
5. 관광 정보에 대해 추측해서 말하기	주말 | 문 | 열다 지난 주말 | 근처 | 가다 + 관광객 | 많았다 인터넷 | 찾아보다	고맙다 벌써 | 기대가 되다

표현

- 관광할 곳 추천 부탁하기

어디가 좋을까요?
어디에 가는 게 좋을까요?
좋은 곳이 있으면 추천해 주세요.

- 추천한 곳 설명하기

서울의 대표적인 전통문화 거리인데 볼거리가 많아요.
서울의 대표적인 전통문화 거리로 볼거리가 많은 곳이에요.

대화

34

준영　요코 씨, 이번 휴가에 뭐 할 거예요?
요코　일본에서 어머니께서 오세요. 그런데 어디에 가는 게 좋을지 모르겠어요. 어디가 좋을까요?
준영　어머니께서 어떤 것에 관심이 있으세요?
요코　어머니께서는 한국에 처음 오세요. 그래서 전통적인 곳을 좋아하실 거예요.
준영　전통적인 곳을 좋아하시면 인사동에 한번 모시고 가 보세요.
요코　인사동요? 많이 들어 봤는데 전 아직 못 가 봤어요. 인사동에 대해서 알려주세요.
준영　인사동은 서울의 대표적인 전통문화 거리인데 볼거리가 많아요. 근처에 고궁도 있어서 외국 관광객들이 즐겨 찾아요.
요코　그래요? 고궁은 휴일에도 문을 열어요?
준영　잘 모르겠지만 주말에도 문을 여는 모양이에요. 지난 주말에 근처를 지나갔는데 관광객이 많이 있었어요. 제가 인터넷에서 다시 찾아볼게요.
요코　고마워요, 준영 씨. 벌써부터 기대가 되는데요.

확장

한국 친구가 가족과 함께 여러분 고향에 여행 갈 겁니다. 친구들에게 소개해 주고 싶은 곳은 어디입니까? 친구 가족들이 좋아하는 것을 생각해서 관광할 곳을 추천해 주세요.

· 거리　· 볼거리　· 즐겨 찾다

읽고 써 봅시다

도시 소개의 글 읽고 쓰기

01 여러분은 인천에 가 본 적이 있습니까? 인천은 무엇으로 유명합니까? 사진을 보고 이야기해 보세요.

02 다음은 여행 잡지에 실린 도시 소개의 글입니다. 잘 읽고 물음에 답하세요. 35

아름다운 섬의 도시, 인천

예전에는 한국에 오려면 김포공항으로 들어왔었다. 그러나 인천공항이 지어진 후, 인천은 한국을 찾는 외국인들이 비행기에서 내려서 가장 먼저 도착하는 곳이 되었다. 오늘은 인천에 대해서 소개하려고 한다.

인천은 서울에서 서쪽으로 한 시간 정도의 거리에 있는 도시로 서해안에 위치하고 있다. 해안 도시인 인천은 아름다운 바다를 볼 수 있고 볼거리, 먹을거리가 많다. 그리고 인천에는 맑고 깨끗한 150여 개의 아름다운 섬이 있다. 국제공항이 있는 영종도, 영화나 드라마의 촬영지로 유명한 무의도, 젊은이들이 즐겨 찾는 월미도, 해넘이가 아름다운 석모도 등 서로 다른 모습의 아름다운 섬들이 인천을 구성하고 있다.

또한 인천은 한국의 고대부터 현대까지의 역사를 만날 수 있는 볼거리도 많다. 특히 강화도에 가면 어디에서든지 지난 역사의 이야기를 들을 수 있다. 그리고 인천에서는 현대적인 도시의 모습도 볼 수 있다. 한국에서 가장 크고 긴 인천 대교와 신도시 송도가 인천에 있기 때문이다.

인천을 소개하는 데 먹을거리도 빠뜨릴 수 없다. 인천 앞 바다에 가면 신선한 해산물을 저렴한 가격에 마음껏 즐길 수 있다. 또, 인천 차이나타운의 짜장면도 유명하다.

아름다운 섬의 도시 인천, 한국에서 특별한 추억을 만들고 싶으면 인천에 한번 가 보는 게 어떨까?

- 서해안
- 위치하다
- 해안
- 먹을거리
- 촬영지
- 젊은이
- 해넘이
- 구성하다
- 고대
- 현대
- 모습
- 신도시
- 빠뜨리다
- 신선하다
- 해산물
- 특별하다
- 호수

(1) 인천에 대한 설명으로 맞지 않는 것은 무엇입니까?

① 인천에는 150여 개의 섬들이 있다.

② 인천은 역사적인 도시이며 현대적인 도시이다.

③ 인천의 유명한 먹을거리는 해산물과 짜장면이다.

④ 인천에서 서쪽으로 한 시간 정도 가면 서울이 있다.

(2) 이 사람이 인천 여행을 추천하는 이유는 무엇입니까?

① 인천은 공항에서 가까워서 가기 쉽다.

② 인천은 다른 도시에 없는 먹을거리가 있다.

③ 인천은 해안 도시로 특별한 추억을 만들 수 있다.

④ 인천은 산, 강, 호수 등 아름다운 경치가 유명하다.

03 학교 신문에 도시를 소개하는 글을 써 보세요.

(1) 여러분이 살고 있는 도시에 대해서 간단하게 메모해 보세요.

Ⅰ. 소개할 도시: ______________________

Ⅱ. 소개: ______________________

____

1. 위치: ______________________

____

2. 볼거리: ______________________

____

3. 먹을거리: ______________________

____

Ⅲ. 여행 추천: ______________________

____

(2) 위 메모를 바탕으로 여러분이 살고 있는 도시를 소개하는 글을 써 보세요.

문화

사투리

사람들의 말 몇 마디만 듣고 그 사람이 어느 지역에서 왔는지 알 수 있는 경우가 있습니다. 지역마다 그 지역 특유의 억양과 난어를 사용하는 사투리가 있기 때문입니다.

"어디 아파요?"라고 질문을 하면 경상도 사람은 "괴안타.", 전라도 사람은 "암시롱도 아녀요.", 충청도 사람은 "괜찮아유.", 강원도 사람들은 "괜찮더래요."라고 대답할 겁니다. 이 말은 모두 "괜찮아요."라는 말입니다. 그 지역의 사람이 아니라면, 특히 한국어에 익숙하지 않은 외국인이라면 더욱 그 대답에 당황할 겁니다.

그렇지만 사투리는 그 지역의 정서를 나타내 주고 같은 지역의 사람들 사이의 동질감을 갖게 합니다. 이제 여러분도 한국의 여러 지방에 가면 그 지역 사람들이 사용하는 말을 관심 있게 들어 보세요. 한국어의 또 다른 재미를 느껴 볼 수 있을 겁니다.

01 사람들은 왜 표준어를 말할 수 있는데도 사투리로 말할까요?

02 여러분 나라에도 사투리가 있습니까? 어떤 것이 있습니까?

제6과

새로운 소식

제 6 과 새로운 소식

Part 1	준비합시다 1	–ㄴ/는다고 하다
	준비합시다 2	–냐고 하다
	준비합시다 3	–자고 하다, –(으)라고 하다
	어휘	정보
		소식
		도서관 자료 검색
Part 2	들어 봅시다	뉴스 내용 전달하는 대화 듣기
	말해 봅시다	친구에게 소식 전달하기
	읽고 써 봅시다	정보를 부탁하는 편지의 글 읽고 쓰기
	문화	통신 생활과 이모티콘

Part 1

준비합시다

01 –ㄴ/는다고 하다

36

친구에게서 들은 이야기를 다른 사람에게 전달할 때 어떻게 말할까요?

A 제이슨 씨가 이번 주말 모임에 참석할 수 있을까요?

B 바빠서 참석 못 한다고 했어요.

문법

'V + ㄴ/는다고 하다'는 듣거나 읽은 내용을 간접적으로 옮겨 말할 때 사용한다.

예 A: 수진 씨, 제이슨 씨도 같이 점심 먹으러 가요?
B: 아니요. 제이슨 씨는 속이 안 좋아서 점심 안 먹는다고 했어요.

Tip 'N + (이)라고 하다, A + 다고 하다'의 형태로도 쓰인다.

A: 저 분은 무슨 일을 하세요?
B: 신문기자라고 해요.

A: 민수 씨는 왜 자리에 없어요?
B: 머리가 많이 아프다고 하면서 일찍 집에 갔어요.

연습

여러분이 텔레비전 뉴스에서 들은 내용입니다. '–ㄴ/는다고 하다'를 사용해서 친구에게 전달해 주세요.

	뉴스 내용
보기	"살을 빼려면 아침 식사 전에 운동하는 것이 좋습니다."
①	"이번 주말에 외국인을 위한 김치 축제가 열립니다."
②	"휴대 전화로 문자 메시지 보내기 대회에서 여자 고등학생이 우승을 했습니다."
③	"올해 한국에서 가장 인기를 끌었던 드라마는 '비밀의 정원'이었습니다."
④	"박지선 선수는 내년부터 다시 한국 팀에서 활동할 예정입니다."
⑤	"어젯밤에 내린 폭설로 시내 곳곳의 교통이 마비되었습니다."

· 우승
· 인기
· 끌다
· 어젯밤
· 폭설
· 곳곳
· 마비되다

A 오늘 뉴스에서 들었는데 살을 빼려면 아침 식사 전에 운동하는 것이 좋다고 해요.

B 아, 그렇군요.

02 -냐고 하다

37

동호회 회원들이 한 질문을 친구에게 전달할 때 어떻게 말할까요?

A 어제 동호회에 못 갔는데 다른 회원들은 모두 나왔어요?

B 네. 모두들 영민 씨가 어떻게 지내냐고 했어요.

문법

'A/V + 냐고 하다'는 다른 사람의 질문 내용을 인용하거나 전달할 때 사용한다.

예 A: 세이는 씨가 이까 뭐라고 했어요?
B: 저에게 내일 바쁘냐고 했어요. 안 바쁘면 같이 놀러 가고 싶다고 했어요.

Tip 'V + 느냐고 하다/묻다, A + (으)냐고 하다/묻다'의 형태로도 쓰인다.

연습

다음 여러 상황에서 한국 사람들은 보통 어떤 질문을 할까요? '-냐고 하다'를 사용해서 묻고 답하세요.

	상황	질문
보기	처음 만난 사람에게	☑ 몇 살이에요? ☑ 결혼했어요?
①	소개팅에서 상대방 남자에게	☐ 어떤 여자를 좋아해요? ☐ 취미가 뭐예요?
②	아직 결혼하지 않은 사람들에게	☐ 사귀는 사람이 있어? ☐ 언제 결혼할 거야?
③	딸과 결혼할 남자에게	☐ 우리 딸이 왜 좋아요? ☐ 내 딸 고생 안 시키고 잘살 자신 있어요?

· 소개팅
· 고생시키다

A 수진 씨, 한국 사람들은 처음 만난 사람들에게 보통 어떤 질문을 해요?

B 보통 몇 살이냐고 물어봐요. 그리고 결혼했냐고 물어보기도 해요.

03 -자고 하다, -(으)라고 하다

38

다른 사람이 제안하거나 명령한 것을 전달할 때 어떻게 말할까요?

A 회의에서 과장님께서 뭐라고 하셨어요?

B 회사 전기 사용을 줄이자고 하셨어요. 그리고 컴퓨터를 꼭 끄고 퇴근하라고 하셨어요.

문법

'V + 자고 하다'는 권유나 제안의 내용을 간접적으로 옮겨 말할 때 사용하고, **'V + (으)라고 하다'**는 명령의 내용을 간접적으로 옮겨 말할 때 사용한다.

예 A: 흐엉 씨가 좀 전에 뭐라고 했어요? B: 시간 있으면 수업 후에 같이 점심 먹자고 했어요.
A: 선생님께서 아까 뭐라고 하셨어요? B: 저에게 한국어 듣기 CD를 많이 들으라고 하셨어요.

연습

내일 갈 해외 출장에 대해 과장님이 지시한 내용을 듣고 '-자고 하다, -(으)라고 하다'를 사용해서 동료에게 전달해 주세요.

보기
"내일 회사에 들르지 말고 바로 공항으로 오세요."

① "12시에 3층 은행 앞에서 만납시다."
② "환전은 공항에서 같이 합시다."
③ "회사 홍보물을 꼭 챙겨 오세요."
④ "숙소 예약을 다시 한번 확인해 주세요."
⑤ "약속 시간에 늦지 마세요."

· 전기
· 지시하다
· 홍보물
· 챙기다

A 영민 씨, 과장님께서 내일 출장에 대해 지시한 것이 있습니까?

B 네. 과장님께서 내일 회사에 들르지 말고 바로 공항으로 오라고 하셨어요.

어휘

정보

39

정보를 검색하다

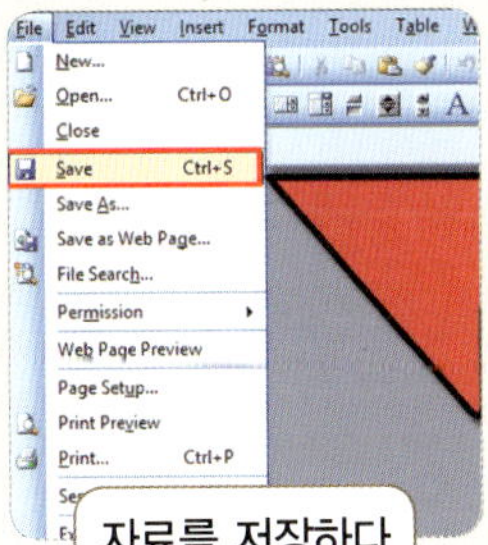

자료를 저장하다

정보를 나누다

소식

소식을 기다리다

소식이 오다

소식이 끊기다

도서관 자료 검색

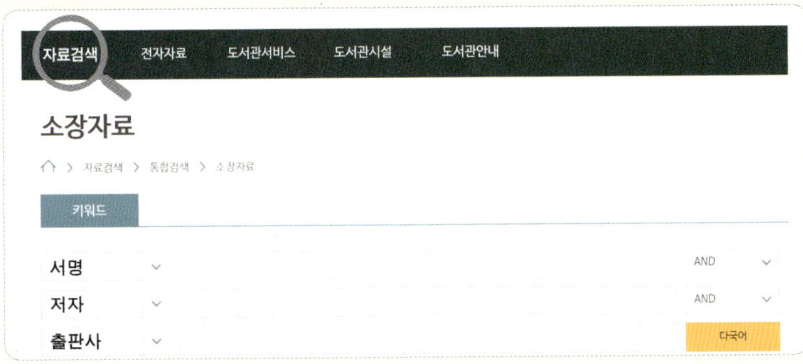

Part 2

들어 봅시다

뉴스 내용 전달하는 대화 듣기

01 다음은 텔레비전 뉴스의 제목입니다. 무슨 내용의 기사인지 이야기해 보세요.

- 이웃을 위해 하루 천 원씩 기부
- 연말 고아원 봉사 활동 크게 늘었다
- 어려운 이웃을 위한 사랑의 콘서트
- 신분을 밝히지 않는 기부 천사, 누구?

02 다음은 뉴스 내용을 전달하는 대화입니다. 잘 듣고 물음에 답하세요. 40

(1) 이 뉴스는 어떤 분야와 관련 있는 뉴스입니까?

① 정치 ② 경제
③ 사회 ④ 문화

(2) 들은 내용과 같은 것은 무엇입니까?

① 여자는 남자와 함께 봉사 활동을 하고 싶어 한다.
② '얼굴 없는 천사'는 직접 어려운 이웃을 찾아가 돕는다.
③ '얼굴 없는 천사'는 이웃을 돕기 시작한 지 10년이 넘었다.
④ 남자는 부모가 없는 아이들을 위해 봉사 활동을 하고 있다.

(3) '얼굴 없는 천사'는 무슨 뜻입니까?

① 이름을 알 수 없는 천사
② 얼굴을 가리고 다니는 착한 사람
③ 유명하지 않지만 좋은 일을 하는 사람
④ 신분을 밝히지 않고 좋은 일을 하는 사람

- 기부
- 연말
- 고아원
- 봉사 활동
- 신분
- 밝히다
- 천사
- 정치
- 사회
- 문화
- 가리다

말해 봅시다

친구에게 소식 전달하기

한국 친구 딸의 돌잔치에 초대 받았습니다. 이 소식을 반 친구에게 전달해 주세요.

Try it!

말풍선을 따라 대화를 구성해 보세요.

	요코 한국 친구에게서 딸의 돌잔치에 초대받았습니다. 이 소식을 반 친구에게 전달해 주세요.	티엔 한국인 친구의 딸 돌잔치 소식을 들었습니다. 돌잔치에 참석한다고 말하고 돌잔치 정보를 물어보세요.
1. 소식 전달하기	민정 씨 딸 돌잔치 | 하다 티엔 씨 | 올 수 있다 + 묻다	당연히 | 가다 언제 | 하다?
2. 날짜 전달하기	다음 주 토요일 저녁 5시	어디 | 하다?
3. 장소 전달하기	이대역 앞 | 있다 + 한식 뷔페식당	돌 선물 | 뭐 | 좋다? 빈손 | 갈 수 없다
4. 선물에 대한 의견 말하기	한국 친구 | 듣다 + 돌 | 아기 금반지 | 선물하다	좀 부담스럽다 + 친구들 | 돈 | 모으다 + 같이 준비하다 + 하다?
5. 선물 준비에 대해 말하기	그래요 저 | 그게 좋다	친구들 | 이야기하다

표현

■ 당연히 참석한다고 말하기

당연히 가야지요.
제가 빠지면 안 되지요.
그런 일에 빠질 수는 없지요.

■ 선물 준비에 대한 의견 말하기

빈손으로 갈 수는 없잖아요.
작은 것이라도 가지고 가야지요.
아무것도 안 사 가지고 가면 실례죠.

대화

41

요코 티엔 씨, 민정 씨 딸 돌잔치를 한다고 해요. 민정 씨가 티엔 씨도 올 수 있냐고 물어보던데 같이 갈 거죠?

티엔 그럼요. 당연히 가야지요. 그런데 돌잔치는 언제 한다고 해요?

요코 다음 주 토요일 저녁 5시라고 하네요.

티엔 어디에서 하는데요?

요코 이대역 앞에 새로 생긴 한식 뷔페식당이 있거든요. 거기에서 한다고 했어요.

티엔 아, 거긴 아직 안 가 봤는데 역 근처라서 찾기 쉽겠네요. 그런데 돌 선물은 뭐가 좋을까요? 빈손으로 갈 수는 없잖아요.

요코 그렇죠. 제가 한국 친구에게서 들었는데 보통 돌에 아기 금반지를 선물한다고 해요.

티엔 금반지요? 그건 혼자 사기는 좀 부담스러우니까 다른 친구들에게 돈을 모아서 같이 준비하자고 할까요?

요코 그래요. 저도 그게 좋겠어요.

티엔 그럼 제가 친구들에게 이야기해 볼게요.

확장

친구에게서 이메일로 카드를 받았습니다. 카드 내용을 다른 친구들에게 전달해 주세요.

여러분을 개업식에 초대합니다!

아키라의 작은 식당이 마침내 문을 엽니다.
일시: 7월 25일 토요일 1시
장소: 이화여자대학교 후문 바로 맞은편

아키라 드림

송년 파티에 초대합니다!

송년 파티에 여러분을 초대합니다.
일시: 12월 20일 (금) 오후 7시
장소: 일산 호수 아파트 201동 305호

박영민 드림

· 당연히 · 금반지 · 부담스럽다 · 빈손 · 빠지다 · 송년

읽고 써 봅시다

정보를 부탁하는 편지의 글 읽고 쓰기

01 편지를 쓸 때 보통 어떤 내용을 씁니까? 또 어떤 순서로 씁니까? 다음을 보고 이야기해 보세요.

- ☐ 계절 인사
- ☐ 끝인사
- ☐ 상대방의 안부
- ☐ 용건(편지를 쓰는 목적과 내용)
- ☐ 자신의 안부나 소식
- ☐ 다른 사람의 안부 묻거나 전하기

02 다음은 정보를 부탁하는 편지의 글입니다. 잘 읽고 물음에 답하세요. 42

받는 사람 김민호(minhokim@mail.net)

제목 민호 씨, 오랜만이에요.

텍스트모드 글꼴 크기 가 가 가 가 가 가 URL

민호 씨, 그동안 잘 지냈어요? 그곳은 서울보다 훨씬 더 춥다고 하던데 건강하게 잘 지내고 있지요? 우리가 못 만난 지 벌써 3년이 지났네요. 자주 연락 못 해서 미안해요. 참, 수진 씨에게서 민호 씨가 대학원을 마치고 바로 그 대학에서 연구원으로 일하기 시작했다고 들었어요. 정말 축하해요. 저는 회사를 그만두고 결혼해서 살림도 배우고 아이도 키우면서 정신없이 지내고 있어요.

사실은 민호 씨에게 좀 부탁드릴 일이 있어요. 제 동생이 이번에 대학을 졸업하는데 우연히 민호 씨가 있는 그 대학으로 유학을 가게 됐어요. 그래서 그쪽에 있는 사람에게 기숙사와 학교생활에 대한 정확한 정보를 얻고 싶다고 해요. 제가 동생에게 민호 씨 얘기를 하니까 필요한 정보를 좀 알아봐 달라고 해서 민호 씨에게 이렇게 이메일을 보내게 됐어요.

민호 씨의 이메일 주소를 제 동생에게 알려주고 직접 연락하라고 해도 괜찮을까요? 둘이 직접 연락을 주고받는 것이 더 나을 것 같아서요. 번거롭게 해서 정말 미안해요. 제 동생 메일 주소는 leehera@mail.net이에요.

무소식이 희소식이라고는 하지만 앞으로는 좀 더 자주 연락하면서 지내요. 벌써 12월인데 한 해 마무리 잘하고 건강한 모습으로 다시 만나요. 안녕히 계세요.

12월 3일
서울에서 이소라 드림

- 얘기
- 번거롭다
- 무소식이 희소식
- 해
- 마무리
- 한가하다
- 무사히

(1) 글의 내용과 같은 것은 무엇입니까?

① 이소라의 동생은 김민호와 아는 사이이다.

② 이소라는 직장 생활을 그만두고 한가하게 지내고 있다.

③ 이소라는 기숙사 정보를 자신의 메일로 보내 달라고 했다.

④ 이소라의 동생은 김민호가 일하는 대학에서 공부할 것이다.

(2) '무소식이 희소식'은 무슨 뜻입니까?

① 소식을 들으면 기쁘다.

② 소식이 없으면 걱정을 한다.

③ 소식이 없으면 소식을 기다리게 된다.

④ 소식이 없다는 것은 무사히 잘 있다는 말이다.

03 정보를 부탁하는 편지를 써 보세요.

(1) 부탁할 내용을 간단하게 메모해 보세요.

Ⅰ. 인사와 안부: ______________________

____

Ⅱ. 용건: ______________________

____

1. 부탁할 내용 1: ______________________

____

2. 부탁할 내용 2: ______________________

____

Ⅲ. 끝인사: ______________________

____

(2) 위 메모를 바탕으로 친구나 가족의 부탁으로 여러분이 아는 다른 사람에게 정보를 부탁하는 편지를 써 보세요.

문화

통신 생활과 이모티콘

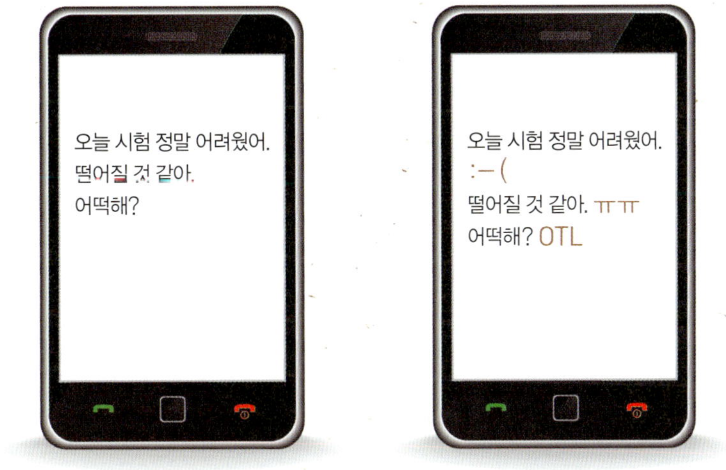

여러분은 인터넷 채팅이나 휴대 전화의 문자 메시지를 자주 이용합니까? 인터넷 채팅을 하거나 문자 메시지를 보낼 때 위의 그림에서 본 기호들을 사용해 본 적이 있습니까? 컴퓨터나 휴대 전화의 문자와 기호, 숫자 등을 모아서 만든 그림 문자를 이모티콘이라고 부릅니다. 감정을 뜻하는 '이모션(emotion)'과 '아이콘(icon)'의 합성어인데 '그림말'이라고도 합니다.

이모티콘을 사용하면 전달하는 내용에 감정을 넣어서 전달할 수 있습니다. 그래서 이모티콘은 사이버 공간에서 자신의 감정 상태를 시각적으로 보여 주고 싶을 때 주로 사용합니다.

하지만 공적인 문서나 이메일에서는 이모티콘 사용을 주의해야 합니다. 글이 진지해 보이지 않고 잘못하면 장난으로 보일 수 있기 때문입니다. 그래서 이모티콘은 상황에 맞게 가려 쓰는 것이 좋습니다.

01 문자 메시지나 인터넷 채팅에서 이모티콘을 사용하면 어떤 점이 좋습니까?

02 여러분 나라에서는 어떤 이모티콘을 사용합니까? 그것은 무슨 의미입니까? 이야기해 보세요.

듣기 지문 및 정답

1과

들어 봅시다

장소이 선생님, 잠깐 이야기할 수 있어요?

선생님 네, 장소이 씨. 무슨 고민 있어요? 학교생활이 힘들어요?

장소이 아니에요. 학교 다니는 건 재미있지만 한국말이 좀 어려워서요.

선생님 어떤 게 제일 어려워요?

장소이 다른 것보다 듣기가 너무 어려워요. 수업 중에 선생님 말은 잘 알겠지만 다른 사람 말은 잘 못 알아듣겠어요.

선생님 그래요? 아마 선생님이 말을 천천히 해서 그럴 거예요.

장소이 선생님, 듣기 공부는 어떻게 해야 돼요?

선생님 사람마다 공부하는 방법이 다르겠지만 책에 있는 듣기 파일을 꾸준히 듣는 게 좋아요. 들은 것을 써 보는 연습을 하는 것도 좋고요. 그리고 혼자 공부하는 것도 좋지만 한국 친구를 많이 만나세요.

장소이 만나고 싶지만 한국 친구를 만날 기회가 거의 없어요.

선생님 그럼 선생님이 아는 사람을 한 명 소개해 드릴까요? 이화여자대학교 학생인데 중국어도 조금 할 수 있어요.

장소이 네, 그렇게 해 주세요. 감사합니다, 선생님.

2\. (1) ③ (2) ① (3) ②, ⑤

읽고 써 봅시다

2\. (1) 한국과 베트남의 대중문화 교류를 위해 일하고 싶다. (2) ④

2과

들어 봅시다

김은경 여보세요. 나타샤 씨, 잘 지냈어요?

나타샤 네. 여름휴가를 다녀왔어요. 그래서 지금 휴가 때 찍은 사진을 정리하는 중이에요.

김은경 그래요? 어디에 다녀왔어요?

나타샤 프랑스 파리에 다녀왔어요. 파리에서 에펠탑하고 루브르박물관을 구경했어요.

김은경 그럼 파리에서 유람선도 탔어요?

나타샤 네. 그리고 프랑스에 있는 친구가 알려 준 덕분에 저녁에는 멋진 식당에서 프랑스 음식도 먹었어요.

김은경 정말 좋았겠어요. 부러워요.

나타샤 그런데 은경 씨는 여름휴가를 다녀왔어요?

김은경 다음 주에 갈 거예요. 남편이랑 아이들이랑 부산 해운대에 가기로 했어요. 3년 전에도 부산에 갔다 왔는데 정말 좋았거든요.

나타샤 그래요? 그럼 다음에 만날 때 사진을 보여 주세요. 전 아직 부산에 못 가 봤어요.

김은경 아이들이 좋아할 테니까 다음 휴가 때는 부산에 꼭 가 보세요.

나타샤 그래야겠네요.

김은경 네. 그럼 휴가 다녀와서 우리 차 마시면서 이야기해요. 제가 사진을 가지고 갈게요.

나타샤 네. 그때 봐요.

2. (1) ② (2) ②, ④, ⑤ (3) ① 아니요 ② 네 ③ 아니요

읽고 써 봅시다

2. (1) ② (2) ②

3과

들어 봅시다

장소이 안녕하세요? 저는 이화여자대학교에서 한국어를 공부하고 있는 장소이라고 합니다. 지금부터 한국의 인사 문화를 몰라서 실수했던 경험을 이야기하겠습니다. 많은 사람 앞에서 말하는 게 처음이라서 긴장되지만 잘 들어주세요. 저는 한국에 처음 왔을 때부터 계속 하숙집에서 살고 있습니다. 그런데 처음에는 하숙집 아주머니를 아주 이상한 사람이라고 생각했습니다. 하숙집 아주머니가 저를 볼 때 항상 "밥 먹었어?"라고 물어봤기 때문입니다. 저는 아주머니를 이해할 수 없었습니다. 저는 그때마다 "네, 조금 전에 먹었어요."라고 대답했습니다. 그런데 한국어를 배우면서 그 말이 그냥 인사로 하는 말일 때도 있다는 것을 알게 되었습니다. 그리고 "밥 먹었어?"라는 인사에서 점점 한국 사람들의 정을 느낄 수 있게 되었습니다. 그래서 요즘에는 아주머니가 "밥 먹었어?"라고 하면 "네, 간단히 먹었어요."라고 웃으면서 대답합니다. 그 실수가 저에게는 잊을 수 없는 추억이 되었습니다. 지금까지 제 발표를 들어 주셔서 감사합니다.

2. (1) ③ (2) ③ (3) ① 아니요 ② 네

읽고 써 봅시다

2. (1) ④ (2) ① 네 ② 네

4과

들어 봅시다

얀	아주머니, 부탁드릴 게 있어서 왔는데요. 지금 시간 되세요?
아주머니	네. 무슨 일인데요? 여기 잠깐 앉아요.
얀	아주머니가 여러 가지로 신경 써 주셔서 이곳에 살수록 편하고 좋아요.
아주머니	별말을 다 하네요. 그런데 부탁할 일이 뭔데요?
얀	사실은 옆방에 사는 사람 때문에요. 그 사람은 밤에 텔레비전을 항상 크게 틀어요. 그래서 공부에도 방해가 되고 잠도 자주 깨게 돼요. 죄송하지만 방을 다른 곳으로 옮길 수 있어요?
아주머니	그건 곤란해요. 대신에 제가 그 학생에게 이야기해 볼게요. 그 사람은 거의 밤늦게 들어와서 주말이 아니면 만나기가 쉽지 않아요. 이번 토요일에 꼭 이야기할게요.
얀	네, 알겠습니다. 그럼 부탁드릴게요. 그리고 또 하나는 아침 식사에 대한 건데요. 전 아침에 밥 대신에 빵을 먹고 싶은데 빵도 준비해 주실 수 있어요?
아주머니	네, 그래요. 그건 어려운 일이 아니니까 그렇게 해 줄게요. 얀 씨, 또 불편한 게 있어요?
얀	아니요. 다른 건 괜찮아요.
아주머니	부탁할 일이 있으면 언제든지 이야기하세요.

2. (1) ① **옆방에 사는 사람이 밤에 텔레비전을 항상 크게 튼다.**
② **아침에 밥 대신에 빵을 먹고 싶다.**
(2) ② (3) ① **아니요** ② **네** ③ **아니요**

읽고 써 봅시다

2. (1) ① (2) ①

5과

들어 봅시다

남자	매운 음식을 한국 사람만큼 잘 드시네요.
여자	그럼요. 벌써 서울 생활 3년째인데요. 처음에는 음식이 입에 안 맞아 고생을 좀 했었지만 지금은 매운 음식을 좋아하게 되었어요.
남자	서울에 오신 지 벌써 3년이나 되셨어요? 서울에서 생활하기 어때요?
여자	정말 재미있어요. 이제 길도 잘 알고 지하철 타는 것도 익숙해져서 요즘은 외출도 자주 해요.
남자	그러면 서울에서 살면서 가장 재미있는 게 뭐예요?

여자　저는 역사에 대해서 관심이 많은데, 서울에는 박물관도 많고 유적지도 많아서 좋아요.

남자　그래요? 그럼 서울에서 생활하기 불편한 건 없으세요?

여자　음, 서울은 공기가 탁한 것 같아요. 제가 살던 곳은 서울보다 산과 숲이 많아서 공기가 맑았어요. 그리고 다른 건 다 괜찮은데 친구들과 함께 식사할 때 친구들이 빨리 먹어서 좀 힘들어요. 저는 모든 걸 천천히 하는데 서울 사람들은 빨리빨리 하고 싶은 모양이에요. 그래도 활기차고 에너지가 넘쳐서 저는 서울 사람들이 좋아요.

2. (1) ④　(2) ②　(3) ②

읽고 써 봅시다

2. (1) ④　(2) ③

6과

들어 봅시다

율리아　민수 씨, 어제 저녁 뉴스 봤어요?

김민수　못 봤는데 뭐 특별한 소식 있었어요?

율리아　부산의 한 동네에 7년 동안 찾아오는 '얼굴 없는 천사'가 있다고 해요.

김민수　'얼굴 없는 천사'요? 그게 뭔데요?

율리아　자신이 누구인지 모르게 어려운 이웃에게 전해 주라고 하면서 쌀을 보낸 사람이 있는데 그 사람을 '얼굴 없는 천사'라고 부른다고 해요.

김민수　와, 요즘같이 어려운 세상에 그렇게 좋은 일을 하는 사람이 있군요.

율리아　네. 그 사람은 7년 동안이나 계속 이웃을 도와주면서 자신이 누구인지는 절대로 알리지 않았다고 해요.

김민수　정말 대단한 사람이네요. 그렇게 하기 쉽지 않은데…….

율리아　그렇죠? 참, 민수 씨도 고아원에 가서 아이들을 위해 봉사 활동을 하지요? 민수 씨도 정말 좋은 일을 하시네요.

김민수　아니에요. 일 년에 겨우 서너 번뿐인데요, 뭐.

율리아　저도 관심은 많은데 아직 시작도 못 했어요.

2. (1) ③　(2) ④　(3) ④

읽고 써 봅시다

2. (1) ④　(2) ④

지은이 소개

이정란 전 이화여자대학교 언어교육원 특임교수

이민경 이화여자대학교 언어교육원 특임교수

황선영 전 이화여자대학교 언어교육원 전임강사

장세영 이화여자대학교 언어교육원 강사

황윤정 이화여자대학교 언어교육원 강사

강여림 전 이화여자대학교 언어교육원 강사

구재희 이화여자대학교 언어교육원 강사

김미영 전 이화여자대학교 언어교육원 강사

김민선 이화여자대학교 언어교육원 강사

김현진 이화여자대학교 언어교육원 특임교수

박은선 전 이화여자대학교 언어교육원 강사

이소영 이화여자대학교 언어교육원 강사

이인경 전 이화여자대학교 언어교육원 전임강사

현진희 이화여자대학교 언어교육원 강사

MP3 목차

ESSENCE EWHA KOREAN

이화여자대학교 언어교육원 지음
Ewha Womans University
Ewha Language Center

에센스 이화 한국어

번역
문법 설명 / 새 단어 / 문화
English · 日本語
中国话 · 中國語

2C

E PRESS

제1과 유학 생활

PART1 준비합시다 01 p.16

마다

Ⓔ 마다 is used when all the situations are similar or when each situation repeats itself.

Ⓙ '마다'は各々が全て似たような状況にあるか、各々の状況が繰り返されるときに使用する。

㊥ "마다"在一个一个全部无遗漏的情况下, 或某种状况反复重现时使用。

㊥ "마다"在一個一個全部無遺漏的情況下, 或某種狀況反複重現時使用。

단어	English	日本語	中国语	中國語
쌍둥이	twins	双子	双胞胎	雙胞胎
올림픽	Olympics	オリンピック	奥运会	奧運會
열리다	to be held	開かれる	举办、开	舉辦、開

PART1 준비합시다 02 p.17

-(으)ㄴ/는데

Ⓔ -(으)ㄴ/는데 is used to suggest the background or situation of the details one is trying to describe.

Ⓙ '-(으)ㄴ/는데'は話そうとする内容の背景や状況を提示するとき使用する。

㊥ 为要说的内容提供背景状况时使用 "-(으)ㄴ/는데"。

㊥ 爲要說的內容提供背景狀況時使用"-(으)ㄴ/는데"。

단어	English	日本語	中国语	中國語
같다	to be the same	同じだ	同	同、相同

PART1 준비합시다 03 p.18

–았/었다가

Ⓔ –았/었다가 is used to switch to a new action once a certain action has been completed. It is generally used with verbs with the opposite meaning.

Ⓙ '–았/었다가'はある行為を完了した後に、他の行為に移行することを表すときに使用する。主に反対の意味の動詞同士でよく使用する。

Ⓒ 在结束某行为后转向其他的行为时使用"–았/었다가"。主要用于相反的动词。

Ⓣ 在結束某行爲後轉向其他的行爲時使用"–았/었다가"。主要用於相反的動詞。

단어	English	日本語	中国语	中國語
매다	to tie	結ぶ	系、戴	繫、戴

PART1 어휘 p.19

단어	English	日本語	中国语	中國語
단어를 외우다	to memorize vocabulary	単語を覚える	背生词、背单词	背生詞、背單詞
복습하다	to review	復習する	复习	複習
예습하다	to preview	予習する	预习	預習
필기하다	to take notes	筆記する	做笔记	做筆記
성적이 나오다	The test score is released	成績が出る	出成绩	成績單出來(了)
실력을 키우다	to improve oneself in	実力を伸ばす	提高实力	提高實力
초등학교	elementary school	小学校	小学	小学
중학교	middle school	中学校	中学	中學
고등학교	high school	高等学校	高中	高中
대학교	university	大学	大学	大學
대학원	graduate school	大学院	研究生院	研究所

PART2 들어 봅시다 p.20

단어	English	日本語	中国语	中國語
상담하다	to counsel	相談する	商谈, 商量, 咨询	商談、商量、咨詢
이해하다	to understand	理解する	懂、理解	理解する
내용	content	内容	内容	内容
일기	diary	日記	日记	口記
발음	pronunciation	発音	发音	発音
받아쓰다	to dictate	聞いて書き取る	听写	聞いて書き取る

PART2 말해 봅시다 p.22

단어	English	日本語	中国语	中國語
한국어능력시험	Test of Proficiency in Korean	韓国語能力試験(TOPIK)	韩语能力考试	韓語能力考試
홈페이지	homepage, website	ホームページ	主页	主頁
회원 가입	application for membership	会員登録	会员登陆	加入會員
준비반	preparation class	対策クラス	准备班	準備班
반이 열리다	to open a class	クラスが開講される	开班	開班
마감되다	to end, to be closed	締め切られる	截止	截止

PART2 읽고 써 봅시다 p.23

단어	English	日本語	中国语	中國語
대중문화	pop culture	大衆文化(ポップカルチャー)	大众文化	大眾文化
교류	exchange	交流	交流	交流
반대하다	to oppose	反対する	反对	反對
포기하다	to give up	諦める	放弃	放棄
설득하다	to convince, to persuade	説得する	说服	說服
마침내	finally	ついに、とうとう	最终	最終
미소	smile	微笑み	微笑	微笑

PART2 문화

p.25

E The conversation partner and greeting

We frequently greet the superiors with the words, 수고하셨습니다 or 수고하세요. However, these kinds of expressions should be used by superiors to juniors. Therefore, it is more appropriate to say 감사합니다, 고맙습니다, 안녕히 계세요 or 선생님, 내일 뵙겠습니다 rather than 수고하셨습니다 to teachers when you leave the classroom after the class.

In addition, it is the same in the case of 미안합니다. It is more appropriate to say 죄송합니다 than 미안합니다 to superiors. 미안합니다 is awkward because it is less polite than 죄송합니다.

Likewise, it is a simple problem even to Koreans to take an appropriate greeting expression to each situation. Try to use the appropriate greetings according to the different conversation partners.

日 会話の相手とあいさつ

私たちはよく目上の人に'수고하셨습니다'や'수고하세요'とあいさつすることがあります。しかし、このような言葉は普通、目上の人が目下の人に対して使う表現です。ですから、授業が終わってみなさんが教室を出る時、先生にかける言葉としては'수고하셨습니다'よりも'감사합니다'、'고맙습니다'、'안녕히 계세요'または'선생님, 내일 뵙겠습니다'が適切です。

また、'미안합니다'の場合も同じです。目上の人には'미안합니다'より、'죄송합니다'と言うほうがよいでしょう。'미안합니다'には'죄송합니다'よりへりくだったニュアンスが少ないため、相手に違和感を与えます。

このように状況に合わせて適切なあいさつを選ぶことは、韓国人にとっても容易なことではありません。皆さんも会話の相手に応じて適切なあいさつを使うよう努力してみてください。

中 适用于不同说话对象的问候语

我们经常会对长辈会说"수고하셨습니다"或者"수고하세요"，但是这种话一般是长辈对晚辈说的话。所以大家在下课后离开教室和老师告别时，比起说"수고하셨습니다"，说"감사합니다"、"고맙습니다"、"안녕히 계세요"或者"선생님, 내일 뵙겠습니다"等表达更为准确。

另外"미안합니다"也是一样。对长辈说话的时候，比起说"미안합니다"，说"죄송합니다"更为准确。因为"미안합니다"相对于"죄송합니다"来说，不够恭敬、自然。

像这样根据场合选择正确的问候语对韩国人来说也不是一件简单的事情，也请大家努力试着根据对方的身份使用正确的问候语。

中 適用於不同說話對象的問候語

我們經常會對長輩會說“수고하셨습니다”或者“수고하세요”，但是這種話一般是長輩對晚輩說的話。所以大家在下課後離開教室和老師告別時，比起說“수고하셨습니다”，說“감사합니다”、“고맙습니다”、“안녕히 계세요”或者“선생님, 내일 뵙겠습니다”等表達更為準確。

另外“미안합니다”也是一樣。對長輩說話的時候，比起說“미안합니다”，說“죄송합니다”更為準確。因為“미안합니다”相對於“죄송합니다”來說，不夠恭敬、自然。

像這樣根據場合選擇正確的問候語對韓國人來說也不是一件簡單的事情，也請大家努力試著根據對方的身份使用正確的問候語。

제2과 휴가 계획

PART1 준비합시다 01 p.28

–(으)ㄹ 테니까

Ⓔ –(으)ㄹ 테니까 shows the speaker's strong supposition on the following context.

Ⓙ '–(으)ㄹ 테니까'は後文の内容についての条件で、話す人の強い推測を表すときに使用する。

中 “–(으)ㄹ 테니까”表示说话人对后面出现的内容的条件强烈的猜测。

中 “–(으)ㄹ 테니까”表示說話人對後面出現的內容的條件強烈的猜測。

단어	English	日本語	中国语	中國語
철저히	thoroughly	徹底的に	彻底	徹底得
미끄럽다	to be slippery	つるつるしている	滑	滑

PART1 준비합시다 02 p.29

–는 길에

Ⓔ –는 길에 generally accompanies the verbs 가다 (to go) or 오다 (to come) to mean on the way or opportunity whilst coming or going.

Ⓙ '–는 길에'は主に動詞 '가다'(行く) や '오다'(来る) について、'行ったり来たりする途中や機会に'の意味を表すとき用いる。

中 “–는 길에”主要跟在动词“가다”或者“오다”的后面，表示“来或者去的途中”或表示“来与去的时机”之意。

中 "-는 길에"主要跟在動詞"가다"或者"오다"的後面,表示"來或者去的途中"或表示"順便去或者順便來"之意。

단어	English	日本語	中国语	中國語
부치다	to send (mail)	出す	寄(信)	寄(信)
반납하다	to return	返却する、返す	还	還
보건소	health clinic	保健所	保健所	衛生所
진찰을 받다	to see a doctor	診察を受ける	投医、看病	接受診療、看病

PART1 준비합시다 03 p.30

-(으)ㄴ 덕분에

E -(으)ㄴ 덕분에 is used when a previous action or result is the cause for something that turned out well. N + 덕분에 is used for a noun.

日 '-(으)ㄴ 덕분에'は前の行動や結果が原因となってことがうまくいったときに使用する。名詞は'N + 덕분에'と使う。

中 作为前边行动或结果的原因，并且因此事情出现好的结果时用"(으)ㄴ 덕분에"。名词时写成"N + 덕분에"的形式。

中 作爲前邊行動或結果的原因，並且因此事情出現好的結果時用"(으)ㄴ 덕분에"。名詞時寫成"N + 덕분에"的形式。

단어	English	日本語	中国语	中國語
공짜	free	ただ	免费	免費
쿠폰	coupon	クーポン	优惠券	優惠券

PART1 어휘 p.31

단어	English	日本語	中国语	中國語
휴가를 내다	to take time off	休暇を取る	休假	休假
휴가 계획을 세우다	to make a holiday/vacation plan	休暇の計画を立てる	制定休假计划	制定休假計劃
숙소를 정하다	to decide where to stay	宿を決める	定住宿处	定住宿處
휴가철	holiday season	バカンスシーズン	休假旺季	休假旺季
성수기	peak season	繁忙期、ピーク	旺季	旺季

비수기	off-season	閑散期、オフシーズン	淡季	淡季
호텔	hotel	ホテル	饭店	飯店
펜션	pension	ペンション	山庄	山莊
콘도	membership resort	コンドミニアム	公寓式酒店	公寓式酒店
민박	B&B(Bed & Breakfast), homestay	民宿	民宿	民宿

PART2 들어 봅시다

p.32

단어	English	日本語	中国语	中國語
유람선	excursion boat	遊覧船	游览船	遊覽船
전통 공연	traditional performance	伝統公演	传统表演	傳統表演

PART2 말해 봅시다

p.34

단어	English	日本語	中国语	中國語
덜	less	～というほどではない、それほど～ではない	不够	不夠
교통편	the means of transportation	交通の便	交通状况	交通狀況

PART2 읽고 써 봅시다

p.35

단어	English	日本語	中国语	中國語
흥미진진하다	to be interesting	興味が湧く、気になる	津津有味	津津有味
스쿠버 다이빙	scuba diving	スキューバダイビング	潜水	潛水
눈을 맞추다	to make an eye contact	目を合わせる	对视	對視
감상하다	to appreciate	鑑賞する	鉴赏	鑒賞
몸매	figure	体型、スタイル	身型	身材
가꾸다	to adorn	手入れをする、整える	打扮、侍弄	打扮、整理
장비	equipment	装備	装备	裝備

이용료	fee	利用料	使用费	使用費
포함되다	to be included	含まれる	包含	包含
수중촬영	underwater shooting	水中撮影	水下摄影	水下攝影

PART2 문화

p.37

E Travel accomodations in Korea

There are various lodging facilities in Korea. The most common of them found in resort places are condominiums, pensions, and private residence lodgings.

Condominiums are convenient for families since you can cook your own food. They also feature facilities such as recreation facilities, karaokes, supermarkets, and restaurants. A pension is smaller in size but good in that it is more quiet and cozy than a condominium since there are less people. The private residence lodgings are open to travelers during the vacations. It is often sought for by travelers since it is relatively inexpensive even though it may not have the best facilities. Many people also prefer the private residence lodgings because they can feel the kindness of the people in the rural areas.

日 韓国の宿泊文化

韓国には様々な宿泊施設があります。主にリゾート地でよく見られる宿泊施設はコンドミニアム、ペンション、民泊です。

コンドミニアムでは自分達で料理ができるので家族水…入らずで旅行するときによく利用します。レジャー施設やカラオケ、スーパーマケット、食堂のような施設もあります。ペンションは規模が小さいけれど利用者が少ないので、コンドミニアムと違って静かにゆっくりと過ごすことができることが長所です。

民泊はバカンス·シーズンにだけ、旅行客に部屋を貸すことをいいます。民泊は施設は良くないけれども、宿泊費が安いので旅行客がよく利用します。そして、田舎の人々の情を味わうことができるので民泊が好きな人々も多いです。

中 韩国的住宿文化

韩国有各种各样的住宿设施，这些设施在修养地可以经常见到，主要是住宅式酒店、度假酒店、农家院等。

住宅式酒店里可以做饭，主要对象是全家旅行的游客。那里除了有儿童游乐设施、歌厅还有超市、餐厅等便利设施。度假酒店的规模虽然比较小，但由于使用的人相对较少，所以有和住宅式酒店不同可以憩静地度假的优点。农家院只有在旅游高峰期才把房子租给游客。虽然农家院的设施不太好，但由于农家院不仅价格低廉，而且还可以体验到农家风情，因此倍受游客青睐。

中 韓國的住宿文化

韓國有各式各樣的住宿設施，這些設施在遊覽勝地可以經常見到，主要是住宅式飯店、度假小屋、民宿等。

住宅式飯店裏可以做飯，主要對象是全家旅行的遊客。那裏除了有兒童遊樂設施、卡拉OK還有超市、餐廳等便利設施。度假小屋的規模雖然比較小，但由於使用的人相對較少，所以有和住宅式飯店不同可以憩靜地度假的優點。民宿只有在旅遊高峰期才把房子租給遊客。雖然民宿的設施不太好，但由於民宿不僅價格低廉，而且還可以體驗到農家風情，因此倍受遊客青睞。

제3과 문화 차이

PART1 준비합시다 01 p.40

–던

Ⓔ –던 is used when reflecting on a past event or action to show that the action repeated itself until a certain point in the past.

Ⓙ '–던'は過去の事件や行為を思い出しながら、その行為が過去のある時点まで繰りかえされてきたことを表すときに使用する。

中 "–던"是指过去的事件, 行为, 或再次想起那个行为, 并且那个行为一直反复到过去的某一时刻。

中 "–던"是指過去的事件, 行爲, 或再次想起那個行爲, 並且那個行爲一直反複到過去的某一時刻。

단어	English	日本語	中国语	中國語
늘	everytime	いつも、常に	常常	常常
시골	countryside	田舎	乡下	鄉下
비틀즈	The Beatles	ビートルズ	甲壳虫乐队、披头士乐队	甲殼蟲樂團、披頭士樂團 (The Beatles)
토마토	tomato	トマト	西红柿	蕃茄

PART1 준비합시다 02

p.41

–았/었던

Ⓔ –았/었던 shows that an action taken from a past time up till a certain point has been completed or interrupted.

Ⓙ '–았/었던'は過去のある時点で、その前まで持続された行動が完結したり中断されることを表すときに使用する。

Ⓒ "–았/었던"表示在过去的某一时间里一直持续的某种行动, 现在已经完结或中断。

Ⓒ "–았/었던"表示在過去的某一時間裏一直持續的某種行動, 現在已經完結或中斷。

단어	English	日本語	中国语	中國語
우연히	by chance, by accident	偶然に	偶然	偶然

PART1 준비합시다 03

p.42

–나요

Ⓔ –나요 is a gentle way of asking something. –(으)ㄹ 건가요 is used for the future.

Ⓙ '–나요'は相手に優しく尋ねるときに使用する。未来形は '–(으)ㄹ 건가요'と書く。

Ⓒ 当你想语气柔和地向对方问话时, 用"–나요", 其未来时态为 "–(으)ㄹ 건가요"。

Ⓒ 當你想語氣柔和地向對方問話時, 用"–나요", 其未來時態爲"–(으)ㄹ 건가요"。

단어	English	日本語	中国语	中國語
게이트	gate	ゲート	出入口	出入口
시애틀	Seattle	シアトル	西雅图	西雅圖

PART1 어휘

p.43

단어	English	日本語	中国语	中國語
악수를 하다	to shake hands with~	握手をする	握手	握手
손을 흔들다	to shake one's hand	手を振る	招手	招手
포옹하다	to hug, to embrace	抱く、抱きしめる	拥抱	擁抱

절을 하다	to bow	お辞儀する	行礼	行禮
허리를 굽히다	to bend over	腰をかがめてお辞儀をする	弯腰	彎腰
고개를 숙이다	to bow one's head	頭を下げる	低头	低頭
코를 비비다	to rub noses	鼻を擦りつける	揉鼻子	揉鼻子
볼에 입을 맞추다	to kiss on the cheek	頬に口づけをする	亲吻脸颊	親吻臉頰
두 손을 모으다	to put hands together	両手を合わせる	双手放在一起	雙手放在一起

PART2 들어 봅시다 p.44

단어	English	日本語	中国语	中國語
긴장하다	to be nervous	緊張する	紧张	緊張
발표하다	to make a presentation	発表する	发表	發表
간단하다	to be simple	簡単だ	简单	簡單

PART2 말해 봅시다 p.46

단어	English	日本語	中国语	中國語
신경 쓰다	to pay attention to	気を使う	费神	費神
종종	sometimes	たびたび、時々	种种	種種
밥그릇	rice bowl	ご飯茶碗	饭碗	飯碗
들다	to carry, to hold	持つ、抱える	拿着	拿著
예의	a good manner	礼儀	礼仪	禮儀
어긋나다	to go against	外れる、反する、行き違う	违背	違背

PART2 읽고 써 봅시다 p.47

단어	English	日本語	中国语	中國語
불쾌하다	to be unpleasant	不快だ、不愉快だ	不快	不快
에스키모	eskimo	エスキモー	爱斯基摩	愛斯基摩
오해받다	to be misunderstood	誤解される	被误解	被誤解
친근함	familiarity	親近感	亲近感	親近感

물러서다	to step back	後へ引く、退く	后退	後退
다가가다	to approach	近づく	靠近	靠近
표현 방식	a method of expression	表現の仕方	表现方式	表現方式
연인	lovers	恋人	恋人	戀人

PART2 문화

p.49

E Body language

In foreign countries, we can be perplexed when we don't know their languages. Can it sometimes be possible to communicate when we use body language?

However, body language differs across countries because it is a social agreement. As for Koreans, fingers are folded inwards while counting, starting with the thumb. On the contrary, westerners unfold their fingers starting with a closed palm when to count the number. Body language should be used appropriately according to situations and cultures. For example, in Korea, the downwards palm wave is for asking a person to step forward, but an upwards palm is used to beckon to an animal like a dog or a cat.

When you learn a foreign language, how about learning its body language too in order to use the appropriate gesture for each situation?

日 ボディーランゲージ

外国ではその国の言葉を知らないと困ってしまうことがあります。そのような時、ボディーランゲージを使うことでコミュニケーションできる場合もありますよね。

しかし、ボディーランゲージもその社会の決まりごとによるものなので、国ごとに違いが見られます。韓国人は数を数えるとき親指から順番に内側に折りますが、西洋人は握りこぶしから外に向かって指を広げながら数を数えます。また、ボディーランゲージは状況や文化に応じて適切に使用しなければなりません。例えば、韓国では手の甲を上にして指を中に曲げるのは誰かを呼ぶ動作ですが、反対にすると犬や猫などの動物を呼ぶ動作になります。

状況に合ったボディーランゲージを使用するために、外国語を学ぶときにその国で使用しているボディーランゲージも一緒に身につけてみるのはどうでしょうか。

中 肢体语言

在外国，如果不知道当地语言的话，会有不知所措的时候。这种时候，通过肢体语言就可以沟通交流的情况很多吧？

但是，因为肢体语言也是一种社会约定，所以每个国家会稍有不同。韩国人数数的时候是从拇指开始，由外向内折；西方人则是先握拳，手指由内向外展开。另外肢体语言也要根据不同的状况以及文化正确地使用。例如，在韩国，手背朝上，手指朝里弯曲的话，是召唤他人的手势；但如果反过来就是叫狗或者猫之类动物的手势。

为了在适当的场合使用正确的肢体语言，学习外语的时候，也一定不要忘记熟知这个国家的肢体语言。

中 肢體語言

在外國，如果不知道當地語言的話，會有不知所措的時候。這種時候，通過肢體語言就可以溝通交流的情況很多吧？

但是，因為肢體語言也是一種社會約定，所以每個國家會稍有不同。韓國人數數的時候是從拇指開始，由外向內折；西方人則是先握拳，手指由內向外展開。另外肢體語言也要根據不同的狀況以及文化正確地使用。例如，在韓國，手背朝上，手指朝裏彎曲的話，是召喚他人的手勢；但如果反過來就是叫狗或者貓之類動物的手勢。

為了在適當的場合使用正確的肢體語言，學習外語的時候，也一定不要忘記熟知這個國家的肢體語言。

제4과 내가 사는 곳

PART1 준비합시다 01 p.52

-게 되다

Ⓔ -게 되다 is used to show another person's actions or a situation due to an external reason, different to the will or hope of the subject.

日 '-게 되다'は主語の意志や望みとは異なり他者の行為､ある外部の条件によってある状況に至ったことを表すときに使う。

中 "-게 되다"在违背主语的意旨或希望,而他人的行为因某种外部条件得以完成的情况下使用。

中 "-게 되다"在違背主詞的意旨或希望, 而他人的行爲因某種外在條件得以完成的情況下使用。

단어	English	日本語	中国语	中國語
직장	job	職場	职场、单位	職場、工作單位
수출	export	輸出	出口	出口

PART1 준비합시다 02 p.53

–(으)ㄹ수록

Ⓔ –(으)ㄹ수록 is used when a situation or degree becomes more severe and the following result or situation is either more or less than the previous incident.
tip: When emphasizing –(으)ㄹ수록, the same adjective or verb is repeated by using –(으)면 –(으)ㄹ수록.

Ⓙ '–(으)ㄹ수록'は状況や程度がもっと強まる場合、後にくる結果や状況もそれに伴ってひどくなったり、そうでなくなったりすることを表すときに使う。
tip:'–(으)ㄹ수록'は強調して話すとき、同じ形容詞や動詞を繰り返して'–(으)면–(으)ㄹ수록'と使う。

中 "–(으)ㄹ수록"表示某一状况或者某一程度更加深化时, 后面所出现的结果或状况和前面成比例地增加。
tip: "–(으)ㄹ수록"表示强调的时候, 相同的形容词或动词反复用"–(으)면 –(으)ㄹ수록"的形式。

中 "–(으)ㄹ수록"表示某一狀況或者某一程度更加深化時, 後面所出現的結果或狀況和前面成比例地增加。
tip: "–(으)ㄹ수록"表示強調的時候, 相同的形容詞或動詞反複用"–(으)면 –(으)ㄹ수록"的形式。

단어	English	日本語	中国语	中國語
출퇴근하다	to attend work	出勤·退勤する	上下班	上下班
통학하다	to attend school	通学する	上学	上下學
실력	skill	実力	实力	實力
보람	worth	やり甲斐、甲斐	意义、价值	成效、價值

PART1 준비합시다 03 p.54

에 비해(서)

Ⓔ 에 비해(서) is used when the previous noun represents the result of the following context of the compared subject.

Ⓙ '에 비해(서)'は前にくる名詞が比較の対象になり、後ろにくる内容の結果となるときに使用する。

中 "에 비해(서)"前面的名词作为比较的对象, 后面出现的内容是比较的结果。

中 "에 비해(서)"前面的名詞作爲比較的對象, 後面出現的內容是比較的結果。

단어	English	日本語	中国语	中國語
훨씬	by far	ずっと	更加、~多了	更加、~多了
성적	grades	成績	成绩	成績
잘 나오다	to come out well	よい結果が出た	~得不错	~得不錯
성능	performance	性能	性能	性能
환율	exchange rate	為替レート	汇率	匯率
오르다	to rise	上がる	上去	上去
원작	original work	原作	原著	原著

PART1 어휘 p.55

단어	English	日本語	中国语	中國語
1인 1실	single room	一人一部屋	1人1室	1人1室
2인 1실	twin room	二人一部屋	2人1室	2人1室
세탁실	laundry room	ランドリールーム	洗衣房	洗衣房
조리실	kitchen	燕	烹饪间	烹飪間
경비실	doorman's office	京釜高速道路(ソウル–釜山間)	门卫室、传达室	警衛室、傳達室
체력 단련실	fitness room	トレーニングルーム	健身房	健身房
공동 샤워실	common shower room	共同シャワールーム	公共沐浴室	公共沐浴室
냉방 시설	air-conditioning	冷房施設	制冷设施	冷氣設備
난방 시설	heating system	暖房施設	取暖设施	取暖設施

PART2 들어 봅시다 p.56

단어	English	日本語	中国语	中國語
불만	dissatisfaction	不満	不满	不滿
주의를 주다	to give warning	注意するように言う	让~注意点儿	讓~注意點

PART2 말해 봅시다 p.58

단어	English	日本語	中国语	中國語
정치학	political science	政治学	政治学	政治學
전자레인지	microwave range	電子レンジ	微波炉	微波爐

PART2 읽고 써 봅시다 p.59

단어	English	日本語	中国语	中國語
홈스테이	homestay	ホームステイ	寄宿家庭	寄宿家庭
실력이 늘다	to improve the skill	実力が伸びる	提高实力	提高實力

PART2 문화 p.61

E Koreans' appellation

In Korea, people call a woman 언니, 이모 to express their closeness and intimacy even though she is not their family member. In a company, it is a good manner to use an appropriate title. No matter how close you are to your senior or boss, it is better to call him with a designated title like 박영민 부장님, 박 부장님 than to call him 박영민 씨.

The appellation can make the relationship closer when it is used properly, but it can otherwise go beyond the bound of decency and make others feel a sense of detachment and distance. Therefore, you can have a good relationship if you use the appellation appropriately.

日 韓国人の呼称

韓国では、互いの距離が近くて親しいということを表すために、家族でなくとも'언니'、'이모'のように家族で使う呼称を使用する場合がよくあります。しかし、職場においては、適切な呼称を使用することが礼儀です。いくら親しくても、先輩や上司に'박영민 씨'という呼称を使用するより'박영민 부장님'、'박 부장님'のように肩書きで呼びます。

呼称を上手に使えば関係をより縮めることもできますが、誤って使用すれば失礼となり、逆に距離感を感じさせたりもします。そのため、このような呼称を人間関係において上手に使えば、よりよい関係を形成することができるでしょう。

中 韩国人的称呼语

在韩国，为了表现得更加亲近，即使没有血缘关系，也经常使用"언니"、"이모"之类的称呼语。在职场使用正确的称呼语也是一种基本礼仪。即使是十分亲近的关系，对前辈或者上司，不直呼"박영민 씨"，而是加上职位，称呼为"박영민 부장님"、"박 부장님"。

虽然称呼语用得好的话可以拉近人与人之间的关系，但是用错的话则会有失礼仪、产生距离感。所以在人际交往中，正确使用称呼语的话，能创造出更好的人际关系。

中 韓國人的稱呼語

在韓國，為了表現得更加親近，即使沒有血緣關係，也經常使用"언니"、"이모"之類的稱呼語。在職場使用正確的稱呼語也是一種基本禮儀。即使是十分親近的關係，對前輩或者上司，不直呼"박영민 씨"，而是加上職位，稱呼為"박영민 부장님"、"박 부장님"。

雖然稱呼語用得好的話可以拉近人與人之間的關係，但是用錯的話則會有失禮儀、產生距離感。所以在人際交往中，正確使用稱呼語的話，能創造出更好的人際關係。

제5과 도시 생활

PART1 준비합시다 01 p.64

–았/었었–

E –았/었었– shows that a situation occurred in the past but is no longer taking place since then and that another situation is occurring.

日 '–았/었었–'はある状況が過去にあったけれど、その後にその状況が継続されず他の状況にあることを表 すときに使用する。

中 "–았/었었–"虽然在过去发生了某种状况，但这种状况以后不再持续，而现在出现的是别的状况。

中 "–았/었었–"雖然在過去發生了某種狀況，但這種狀況以後不再持續，而現在出現的是別的狀況。

단어	English	日本語	中国语	中國語
내성적이다	to be introspective	内気だ	内向的	內向的

PART1 준비합시다 02

p.65

–(으)ㄴ/는/(으)ㄹ 모양이다

Ⓔ –(으)ㄴ/는/(으)ㄹ 모양이다 is used to predict or guess the current status based on another fact or situation.

Ⓙ '–(으)ㄴ/는/(으)ㄹ 모양이다'は他の事実や状況から判断して、現在どのような状態なのか推測したり予想するときに使用する。

Ⓒ "–(으)ㄴ/는/(으)ㄹ 모양이다"在推测或猜想某一事实或状况发展到现在的某种状态时使用。

Ⓣ "–(으)ㄴ/는/(으)ㄹ 모양이다"在推測或猜想某一事實或狀況發展到現在的某種狀態時使用。

단어	English	日本語	中国语	中國語
쏟다	to spill	こぼす	流，淌	流，淌

PART1 준비합시다 03

p.66

에 대해(서)

Ⓔ 에 대해(서) is used when the noun in front stands for the subject to follow. It usually accompanies the verbs 알다, 모르다, 말하다, 설명하다, etc. It can be substituted with N에 관해(서).
Tip: N + 에 대한 + N: 에 대한 is followed by a noun. It is usually followed by the nouns such as 기사, 책, 소문, 이야기, etc.

Ⓙ '에 대해(서)'は前にくる名詞が後にくる内容の対象であることを表すときに使用する。主に'알다、모르다、말하다、설명하다'などの動詞と共に使う。'N에 관해(서)'と置き換えることもできる。
Tip: N + 에 대한 + N: '에 대한'の後には名詞が来る。後に来る名詞は主に '、기사、책、소문、이야기'などだ。

Ⓒ 当前面的名词作为后边内容的对象出现时，用"–에 대해(서)"。主要和"알다、모르다、말하다、설명하다"等动词一起使用。可以和"N에 관해(서)"互换。
Tip: N + 에 대한 + N: "에 대한"的后面跟名词，这些名词主要是"，기사, 책, 소문, 이야기"等。

Ⓣ 當前面的名詞作爲後邊內容的對象出現時，用"–에 대해(서)"。主要和"알다、모르다、말하다、설명하다"等動詞一起使用。可以和"N에 관해(서)"互換。
Tip: N + 에 대한 + N: "에 대한"的後面跟名詞，這些名詞主要是"，기사, 책, 소문, 이야기"等。

단어	English	日本語	中国语	中國語
탈춤	traditional mask dance	タルチュム	假面舞	假面舞
부채춤	Korean fan dance	プチェチュム	扇舞	扇舞
전통 놀이	traditional play	伝統の遊び	传统游戏	傳統遊戲
연날리기	kite flying	凧揚げ	放风筝	放風箏

PART1 어휘

p.67

단어	English	日本語	中国语	中國語
전통적이다	to be traditional	伝統的だ	传统的	傳統的
현대적이다	to be modern	現代的だ	现代的	現代的
활기차다	to be active	活気が溢れる	充满活力的	充滿活力的
번화하다	to be bustling, to be busy	にぎやかだ	变化	變化
소음이 심하다	to be noisy	騒音がひどい	噪音大	噪音大
한적하다	to be tranquil, to be secluded	閑静だ、静かだ	悠闲	悠閒
인심이 좋다	to be generous	人情がある	人心淳朴	人心淳樸
공기가 맑다	The air is fresh	空気がいい	空气清新	空氣清新
공기가 탁하다	The air is stuffy	空気が悪い	空气污浊	空氣污濁

PART2 들어 봅시다

p.68

단어	English	日本語	中国语	中國語
매력적	attractive	魅力的	有魅力的	有魅力的
에너지	energy	エネルギー	精力	精力
넘치다	to overflow	溢れる	溢出	溢出
고생하다	to suffer from	苦労する	辛苦了	辛苦了

PART2 말해 봅시다

p.70

단어	English	日本語	中国语	中國語
거리	street	通り	距离	距離
볼거리	attraction	見どころ、 見るに値するもの	看点	看點

즐겨 찾다	to willingly visit	よく訪ねる	收藏	收藏

PART2 읽고 써 봅시다

p.71

단어	English	日本語	中国语	中國語
서해안	the west coast	西海岸	西海岸	西海岸
위치하다	to be located	位置する	位于	位於
해안	coast	海岸	海岸	海岸
먹을거리	something to eat	食べ物	食物	食物
촬영지	filming site	撮影地	拍摄地	拍攝地
젊은이	the young	若者	年轻人	年輕人
해넘이	sunset	日没、日暮れ、日の入り	日落	日落
구성하다	to consist of, to be composed of	構成する	构成、组成	構成、組成
고대	ancient	古代	古代	古代
현대	modern	現代	现代	現代
모습	appearance, looks	姿	面貌	面貌
신도시	new town	新都市	新都市	新都市
빠뜨리다	to drop	見落とす、抜かす	落下	落下
신선하다	to be fresh	新鮮だ	新鲜	新鮮
해산물	seafood	海産物	海鲜	海鮮
특별하다	to be special	特別だ	特别	特別
호수	lake	湖	湖	湖

PART2 문화

p.73

E Dialect

Sometimes you can catch where someone comes from after hearing a few words from him or her. That's because there is a dialect that has peculiar accents and words from region to region.

If you ask 어디 아파요?, people from 경상도 will answer 괴안타, those from 전라도 will say 암시롱도 아녀요, those from 충청도 will say 괜찮아유, and those from 강원도 will answer 괜찮더래요. Do you know what they mean? They all mean 아니요, 괜찮아요. People from the other region, especially foreigners who are not good at Korean will be more confused about them.

However, dialects show the atmosphere of the region and make people who use the same dialect have the companionship and sense of community. Now, when you visit the different region, try to hear the language that local people use with close interest. You can find another fun in learning Korean.

日 方言

私たちは人の言葉を少し聞いただけで、その人がどこの地域から来たかわかる場合があります。それは地域ごとにその地域特有のイントネーションや単語を使用する方言があるためです。

'어디 아파요?'という質問に、慶尚道の人は'괴안타'、全羅道の人は'암시롱도 아녀요'、忠清道の人は'괜찮아유'、江原道の人は'괜찮더래요'と答えます。皆さんはどういう意味かわかりますか。これらはすべて、'아니요, 괜찮아요'という意味です。その地域の者でなかったり、韓国語に慣れていない外国人なら尚のこと、その答えに戸惑ってしまうことでしょう。

しかし、方言はその地域の情緒を表し、同じ地域の方言を使用する人々の間に同質感を持たせる効果を持っています。皆さんも韓国のいろいろな地方に行ったとき、その地域の人々が使う言葉に耳を傾けてみてください。韓国語のまた違った面白さを感じることができるはずです。

中 方言

大家一定有听一个人说的话就能判断这个人是从哪儿来的经验。那是因为每个地区的方言都有其特有的语调和词汇。

例如，如果问"어디 아파요?"，庆尚道人会回答道"괴안타."；全罗道人会回答道"암시롱도 아녀요."；忠清道人会回答道"괜찮아유."；江原道人会回答道"괜찮더래요."。大家知道这是什么意思吗？ 全部都是"아니요, 괜찮아요."的意思。如果不是那个地方的人，特别是韩语不是很熟悉的外国人的话，听到这样的回答会更加不知所措。

但是方言能反映出那个地方的情感，使用同一个地方方言的人之间更能引起共鸣。现在大家去韩国其他地方的时候，留心听那个地方的人们使用的语言，一定能感受到韩语的另一种乐趣。

中 方言

大家一定有聽一個人說的話就能判斷這個人是從哪裏來的情況。那是因為每個地區的方言都有其特有的語調和詞彙。

例如，如果問"어디 아파요?"，慶尚道人會回答道"괴안타."；全羅道人會回答道"암시롱도 아녀요."；忠清道人會回答道"괜찮아유."；江原道人會回答道"괜찮더래요."。大家知道這是什麽意思嗎？ 全部都是"아니요, 괜찮아요."的意思。如果不是那個地方的人，特別是韓語不是很熟悉的外國人的話，聽到這樣的回答會更加不知所措。

但是方言能反映出那個地方的情感，使用同一個地方方言的人之間更能引起共鳴。現在大家去韓國其他地方的時候，留心聽那個地方的人們使用的語言，一定能感受到韓語的另一種樂趣。

제6과 새로운 소식

PART1 준비합시다 01 p.76

-ㄴ/는다고 하다

Ⓔ -ㄴ/는다고 하다 is used when one is conveying something that he/she has read or heard to another person.
Tip: When conveying a present tense adjective, -다고 하다 is used and when conveying a present tense verb, -ㄴ/는다고 하다 is used. When conveying the past tense of either an adjective or a verb, -았/었다고 하다 is used. When conveying guessed content using an adjective or content about the future using a verb, -(으)ㄹ 거라고 하다 is used. For a noun (이)라고 하다 is used.

Ⓘ '-ㄴ/는다고 하다'は話し手が聞いたり読んだりした事を聞き手に伝える際に用いる。
Tip: 形容詞の現在形で話した事を伝える際は'-다고 하다'、動詞の現在形の場合は'-ㄴ/는다고 하다'を用いる。形容詞と動詞の過去形で話した事を伝える際にはいずれも'-았/었다고 하다'、形容詞で推測した事を伝えたり動詞で未来のことを伝える際には'-(으)ㄹ 거라고 하다'を用いる。名詞は'(이)라고 하다'と結びつく。

㊥ "-ㄴ/는다고 하다"是说话的人把听到或读到的内容转述给别人时使用的句型。
Tip: 转述以形容词的现在式所说的内容时用"-다고 하다"来表达；转述以动词的现在式所说的内容时用"ㄴ/는다고 하다"来表达；转述以形容词与动词的过去式所说的内容时都用"-았/었다고 하다"来表达。转述以形容词推测的内容或以动词来说未来的事时用"-(으)ㄹ 거라고 하다"来表达。名词与"(이)라고 하다"结合。

㊥ "-ㄴ/는다고 하다"是說話的人把聽到或讀到的內容轉述給別人時使用的句型。
Tip: 轉述以形容詞的現在式所說的內容時用"-다고 하다"來表達；轉述以動詞的現在式所說的內容時用"ㄴ/는다고 하다"來表達；轉述以形容詞與動詞的過去式所說的內容時都用"-았/었다고 하다"來表達。轉述以形容詞推測的內容或以動詞來說未來的事時用"-(으)ㄹ 거라고 하다"來表達。名詞與"(이)라고 하다"結合。

단어	English	日本語	中国语	中國語
우승	championship	優勝	优胜	優勝
인기	popularity, fame	人気	人气	人氣
끌다	to pull	引く、引き付ける	拉	拉
어젯밤	last night	昨夜、ゆうべ	昨晚	昨晚
폭설	heavy snowfall	大雪	暴雪	暴雪
곳곳	here and there	あちこち、至る所	到处	到處
마비되다	to be paralyzed	麻痺する	麻痹	麻痺

PART1 준비합시다 02 p.77

–냐고 하다

Ⓔ –냐고 하다 is used when one conveys to another person a question that he/she asked a third person, or a question that he/she heard from a third person. When the content of the question features present tense adjectives or verbs –냐고 하다 is used. For the past tense, –았/었냐고 하다 is used and for the future tense –(으)ㄹ 거냐고 하다. –냐고 하다 can be used interchangeably with –냐고 묻다, –냐고 물어보다, and –냐고 질문하다.

Ⓙ '–냐고 하다'は話し手が自分が第三者に聞いたり話し手が第三者の質問を聞き手に伝える際に使用する。形容詞と動詞の現在形で質問した場合は'–냐고 하다'、過去形は'–았/었냐고 하다'を用いる。'–냐고 하다'の代わりに'–냐고 묻다'、'–냐고 물어보다'、'–냐고 질문하다'なども用いる。

Ⓒ "–냐고 하다"是说话的人把亲自问第3者或说话的人从第3者那儿听到的问题转述给听话的人时使用的句型。以现在式来提问时，形容词和动词都用"–냐고 하다"来表达；过去式用"았/었냐고 하다"来表达；未来式用"–(으)ㄹ 거냐고 하다"来表达。也可用"–냐고 묻다"、"–냐고 물어보다"、"–냐고 질문하다"等句型代替"- 냐고 하다"。

Ⓣ "–냐고 하다"是說話的人把親自問第3者或說話的人從第3者那裏聽到的問題轉述給聽話的人時使用的句型。以現在式來提問時，形容詞和動詞都用"–냐고 하다"來表達；過去式用"았/었냐고 하다"來表達；未來式用"–(으)ㄹ 거냐고 하다"來表達。也可用"–냐고 묻다"、"–냐고 물어보다"、"–냐고 질문하다"等句型代替"–냐고 하다"。

단어	English	日本語	中国语	中國語
소개팅	blind date	ソゲティン	相亲	相親
고생시키다	to give someone much trouble	苦労させる	使辛苦	使辛苦

PART1 준비합시다 03 p.78

–자고 하다, –(으)라고 하다

Ⓔ –자고 하다 is used when one has made a recommendation or suggestion to another person, or when one conveys to another person a recommendation or suggestion heard from a third person. –(으)라고 하다 is used when one has ordered another person to do something or when one conveys to another person an order heard from a third person. Both –자고 하다 and –(으)라고 하다 are attached only to a noun.

㊐ '–자고 하다'は話し手が他の人を誘ったり提案したり、他人からの誘いや提案を話し手が聞き手に伝える際に用いる。'–(으)라고 하다'は話し手が他の人に命令したことや他の人から聞いた命令の内容を話し手が聞き手に伝える際に用いる。'–자고 하다'、'–(으)라고 하다'はいずれも動詞とのみ結びつく。

㊥ "–자고 하다"是说话的人劝诱或建议别人或者说话的人把从别人那儿听到的劝诱或建议的内容转述给听话的人时使用的句型。"–(으)라고 하다"是说话的人命令别人或说话的人把从别人那儿听到的命令内容转述给听话的人时使用的句型。"–자고 하다"和"–(으)라고 하다"都只和动词结合。

㊥ "–자고 하다"是說話的人勸誘或建議別人或者說話的人把從別人那裏聽到的勸誘或建議的內容轉述給聽話的人時使用的句型。"–(으)라고 하다"是說話的人命令別人或說話的人把從別人那裏聽到的命令內容轉述給聽話的人時使用的句型。"–자고 하다"和"–(으)라고 하다"都只和動詞結合。

단어	English	日本語	中国语	中國語
전기	(electric) power	電気	电气	電気
지시하다	to order	指示	指示	指示
홍보물	promotion [promotional, PR] materials	広報物	宣传材料	宣傳材料
챙기다	to pack up	準備する	准备、照顾	準備、照顧

PART1 어휘

p.79

단어	English	日本語	中国语	中國語
정보를 검색하다	to search the information	情報を検索する	搜索信息	搜索信息
자료를 저장하다	to save the data	資料を保存する	保存资料	保存資料
정보를 나누다	to share the information	情報を交換する、情報を共有する	分享信息	分享訊息
소식을 기다리다	to wait for the news	便りを待つ	等消息	等消息
소식이 오다	The news comes	便りが来る	传来消息	傳來消息
소식이 끊기다	the news stopped coming	消息が途切れる	音信断绝	音信斷絕
자료 검색	catalog search	資料検索	资料搜索	資料搜索
서명	book title	書名	书名	書名
저자	author	著者	作者	作者
출판사	publisher	出版社	出版社	出版社

PART2 들어 봅시다 p.80

단어	English	日本語	中国语	中國語
기부	donation	寄付	捐款	捐款
연말	the end of the year	年末	年末	年末
고아원	orphanage	孤児院	孤儿院	孤兒院
봉사 활동	volunteer work	奉仕活動	义工活动	義工活動
신분	status	身分	身份	身份
밝히다	to reveal, to disclose	明かす、明らかにする	揭示	揭示
천사	angel	天使	天使	天使
정치	politics	政治	政治	政治
사회	society	社会	社会	社會
문화	culture	文化	文化	文化
가리다	to cover, to hide	覆う、隠す	遮，掩	遮，掩

PART2 말해 봅시다 p.82

단어	English	日本語	中国语	中國語
당연히	naturally, of course	当然、もちろん	当然	當然
금반지	gold ring	金の指輪	金戒指	金戒指
부담스럽다	to be burdensome	負担だ、プレッシャーを感じる	感到有负担	感到有負擔
빈손	empty hand	手ぶら	空手	空手
빠지다	to be absent	陥る、落ちる	落，掉	落，掉
송년	bidding the old year out	送年	送年	送年

PART2 읽고 써 봅시다 p.83

단어	English	日本語	中国语	中國語
얘기	story	話	故事	故事
번거롭다	to be cumbersome	煩わしい、厄介だ	麻烦	麻煩

무소식이 희소식	No news is good news	便りのないのは良い便り	没有消息便是好消息	沒有消息便是好消息
해	year	年	年	年
마무리	finish, completion	締めくくり	收尾	收尾
한가하다	to be free	暇だ	清闲	清閒
무사히	safely	無事に	平安无事地	平安無事地

PART2 문화

p.85

E Communicative life and emoticons

Do you often use internet chatting or texting? Have you ever used any signs from the above picture when you do the internet chat or send a text message? The pictorial symbol that is made of the letters, marks and numbers from a computer or a phone is called an emoticon. It is a blend using emotion and icon and is also called 그림말.

Using emoticons makes it possible to include emotion in the message delivered. Therefore, it is usually used to show one's emotional state visually in the cyber space.

However, you should be cautious about using an emoticon in official documents or emails because it seems like a joke rather than a serious message. Therefore, it is better to use it properly according to situations.

日 ネット社会とイモティコン(顔文字)

皆さんはインターネットのチャットや携帯電話のメールをよく使いますか。インターネットでチャットをしたりメールを送るとき、上の絵に見られるような記号を使ってみたことはありますか。コンピューターや携帯電話の文字と記号、数字などを使って作った絵文字をイモティコンと呼びます。感情を意味する'エモーション'と'アイコン'の合成語ですが、'그림말'とも言います。

イモティコンを使えば、自分が伝えたいことに感情を込めることができます。そのため、イモティコンは主にサイバー空間において自分の感情の状態を視覚的に見せたい時に使用します。しかし、公的な文書やEメールではイモティコンの使用に注意しなければなりません。きちんとした文ではなく、不真面目な文に見られることがあるからです。そのため、イモティコンは状況に合わせて使い分けなければなりません。

中 通信生活与表情符号

大家一定经常在网上聊天或者用手机发短信吧？ 网上聊天或发短信的时候使用过上图中的表情符号吗？ 将电脑或者手机里的文字或者符号、数字合在一起构成的图画文字就叫做表情符号。是表示感情的“emotion”和“icon”的合成词，也叫“그림말”。

使用表情符号的话，能起到在传递的内容里面加入感情的作用。所以表情符号一般是在网络空间里，想要将自己的感情以可视的方式表现出来的时候使用的。

但是在正式的文件或者电子邮件里，要小心使用表情符号，因为可能会使内容看起来不诚恳、不正式。所以根据不同的场合使用合适的表情符号是很重要的。

中 通信生活與表情符號

大家壹定經常在網上聊天或者用手機傳簡訊吧？ 網上聊天或傳簡訊的時候使用過上圖中的表情符號嗎？ 將電腦或者手機裏的文字或者符號、數字合在一起構成的圖畫文字就叫做表情符號。是表示感情的“emotion”和“icon”的合成詞，也叫“그림말”。

使用表情符號的話，能起到在傳遞的內容裏面加入感情的作用。所以表情符號一般是在網絡空間裏，想要將自己的感情以可視的方式表現出來的時候使用的。

但是在正式的文件或者電子郵件裏，要小心使用表情符號，因為可能會使內容看起來不誠懇、不正式。所以根據不同的場合使用合適的表情符號是很重要的。

에센스 이화 한국어 2C 부록

지은이 이화여자대학교 언어교육원

펴낸날 1판 1쇄 2017년 1월 20일
2쇄 2019년 9월 20일

펴낸이 김헌민 **펴낸곳** 이화여자대학교출판문화원
주소 서울특별시 서대문구 이화여대길 52(우 03760) **등록** 1954년 7월 6일 제9-61호
전화 02) 3277-2965(편집), 02) 362-6076(마케팅)
팩스 02) 312-4312 **전자우편** press@ewha.ac.kr **홈페이지** www.ewhapress.com
책임편집 민지영 **디자인** design **Vita**, 김리영, 정혜진 **인쇄** (주)현문자현
영어 번역: 홍영예, 이화여자대학교 언어교육원, 이화여자대학교 통역번역대학원
감수: 홍영예
일본어 번역: 이즈미 지하루, 혼다 미호, 이화여자대학교 언어교육원
감수: 혼다 미호
중국어 번역: 손영상, 양숙평, 이화여자대학교 언어교육원
감수: 양숙평